**Paulo Hesse**

# A Vida fez de mim um Livro
# e Eu não sei Ler

CB031909

Paulo Hesse

# A Vida fez de mim um Livro
# e Eu não sei Ler

Eliana Pace

**imprensaoficial**

São Paulo, 2010

**GOVERNO DO ESTADO
DE SÃO PAULO**

Governador  Alberto Goldman

imprensaoficial  Imprensa Oficial do Estado de São Pau

Diretor-presidente  Hubert Alquéres

**Coleção Aplauso**

Coordenador Geral  Rubens Ewald Filho

# No Passado Está a História do Futuro

A Imprensa Oficial muito tem contribuído com a sociedade no papel que lhe cabe: a democratização de conhecimento por meio da leitura.

A Coleção Aplauso, lançada em 2004, é um exemplo bem-sucedido desse intento. Os temas nela abordados, como biografias de atores, diretores e dramaturgos, são garantia de que um fragmento da memória cultural do país será preservado. Por meio de conversas informais com jornalistas, a história dos artistas é transcrita em primeira pessoa, o que confere grande fluidez ao texto, conquistando mais e mais leitores.

Assim, muitas dessas figuras que tiveram importância fundamental para as artes cênicas brasileiras têm sido resgatadas do esquecimento. Mesmo o nome daqueles que já partiram são frequentemente evocados pela voz de seus companheiros de palco ou de seus biógrafos. Ou seja, nessas histórias que se cruzam, verdadeiros mitos são redescobertos e imortalizados.

E não só o público tem reconhecido a importância e a qualidade da Aplauso. Em 2008, a Coleção foi laureada com o mais importante prêmio da área editorial do Brasil: o Jabuti. Concedido pela Câmara Brasileira do Livro (CBL), a edição especial sobre Raul Cortez ganhou na categoria biografia.

Mas o que começou modestamente tomou vulto e novos temas passaram a integrar a Coleção ao longo desses anos. Hoje, a Aplauso inclui inúmeros outros temas correlatos como a história das pioneiras TVs brasileiras, companhias de dança, roteiros de filmes, peças de teatro e uma parte dedicada à música, com biografias de compositores, cantores, maestros, etc.

Para o final deste ano de 2010, está previsto o lançamento de 80 títulos, que se juntarão aos 220 já lançados até aqui. Destes, a maioria foi disponibilizada em acervo digital que pode ser acessado pela internet gratuitamente. Sem dúvida, essa ação constitui grande passo para difusão da nossa cultura entre estudantes, pesquisadores e leitores simplesmente interessados nas histórias.

Com tudo isso, a Coleção Aplauso passa a fazer parte ela própria de uma história na qual personagens ficcionais se misturam à daqueles que os criaram, e que por sua vez compõe algumas páginas de outra muito maior: a história do Brasil.

Boa leitura.

**Alberto Goldman**
Governador do Estado de São Paulo

# Coleção Aplauso

*O que lembro, tenho.*
Guimarães Rosa

A *Coleção Aplauso*, concebida pela Imprensa Oficial, visa resgatar a memória da cultura nacional, biografando atores, atrizes e diretores que compõem a cena brasileira nas áreas de cinema, teatro e televisão. Foram selecionados escritores com largo currículo em jornalismo cultural para esse trabalho em que a história cênica e audiovisual brasileiras vem sendo reconstituída de maneira singular. Em entrevistas e encontros sucessivos estreita-se o contato entre biógrafos e biografados. Arquivos de documentos e imagens são pesquisados, e o universo que se reconstitui a partir do cotidiano e do fazer dessas personalidades permite reconstruir sua trajetória.

A decisão sobre o depoimento de cada um na primeira pessoa mantém o aspecto de tradição oral dos relatos, tornando o texto coloquial, como se o biografado falasse diretamente ao leitor.

Um aspecto importante da *Coleção* é que os resultados obtidos ultrapassam simples registros biográficos, revelando ao leitor facetas que também caracterizam o artista e seu ofício. Biógrafo e biografado se colocaram em reflexões que se estenderam sobre a formação intelectual e ideológica do artista, contextualizada na história brasileira.

São inúmeros os artistas a apontar o importante papel que tiveram os livros e a leitura em sua vida, deixando transparecer a firmeza do pensamento crítico ou denunciando preconceitos seculares que atrasaram e continuam atrasando nosso país. Muitos mostraram a importância para a sua formação terem atuado tanto no teatro quanto no cinema e na televisão, adquirindo, linguagens diferenciadas – analisando-as com suas particularidades.

Muitos títulos exploram o universo íntimo e psicológico do artista, revelando as circunstâncias que o conduziram à arte, como se abrigasse em si mesmo desde sempre a complexidade dos personagens.

São livros que, além de atrair o grande público, interessarão igualmente aos estudiosos das artes cênicas, pois na *Coleção Aplauso* foi discutido o processo de criação que concerne ao teatro, ao cinema e à televisão. Foram abordadas a construção dos personagens, a análise, a história, a importância e a atualidade de alguns deles. Também foram examinados o relacionamento dos artistas com seus pares e diretores, os processos e as possibilidades de correção de erros no exercício do teatro e do cinema, a diferença entre esses veículos e a expressão de suas linguagens.

Se algum fator específico conduziu ao sucesso da *Coleção Aplauso* – e merece ser destacado –, é o interesse do leitor brasileiro em conhecer o percurso cultural de seu país.

À Imprensa Oficial e sua equipe coube reunir um bom time de jornalistas, organizar com eficácia a pesquisa documental e iconográfica e contar com a disposição e o empenho dos artistas, diretores, dramaturgos e roteiristas. Com a *Coleção* em curso, configurada e com identidade consolidada, constatamos que os sortilégios que envolvem palco, cenas, coxias, *sets* de filmagem, textos, imagens e palavras conjugados, e todos esses seres especiais – que neste universo transitam, transmutam e vivem – também nos tomaram e sensibilizaram.

É esse material cultural e de reflexão que pode ser agora compartilhado com os leitores de todo o Brasil.

**Hubert Alquéres**
Diretor-presidente
Imprensa Oficial do Estado de São Paulo

*Não deixa de ser prêmios
ter tido todos eles na vida.
Assim,
Dedico este livro (aos prêmios da minha vida )
Às minhas duas mães –
Antonia Correa Boeta e  Benedita Viana Boeta,
às minhas duas madrastas – Georgina Barros
Boeta e Fernanda La Torre Boeta,
ao meu irmão –  Antonio Marcondes Boeta,
às minhas irmãs – Sidneya  Barros Boeta,
Sandra Barros Boeta, Virginia La Torre Boeta,
Vivian  La Torre Boeta,
Vanessa La Torre Boeta e aos 16 sobrinhos,
incluindo os sobrinhos-netos,
até a data da edição deste livro.*

**Paulo Hesse**

## Introdução

Suponho que Paulo Hesse deva ter vivido alguns de seus melhores anos na década de 60, quando deu início à carreira de ator com a grife da Escola de Arte Dramática, um sonho que ele soube transformar em realidade e que representa, até hoje, seu embasamento e orgulho maior. A vida, até então, corria sem muitas perspectivas após uma infância repleta de tropeços mas, ao somar ao emprego de bancário sua competência na dança *pop*, Paulo Hesse viu abrir-se à sua frente uma porta que nunca permitiu que se fechasse por quem quer que seja, em tempo algum. Foi por não se conformar com um trabalho burocrático que passou a perambular pela TV Record à procura de uma figuração qualquer. E por ter percebido a excelência de seus passos no *hully gully* e no *twist* que concluiu que se estivesse no lugar certo, na hora exata, poderia alçar voo próprio.

Acredito que Paulo seja, até hoje, um excelente dançarino, apesar de não ter tido a oportunidade de vê-lo dançar. Mas me certifiquei de outras facetas de sua rica personalidade durante o convívio da feitura deste livro que não se limitou apenas às sessões de entrevistas no meu apartamento ou no dele, mas às estreias de muitos espetáculos teatrais seguidas de jantares nos restaurantes da classe, ocasiões em que dividimos não só um bom prato e uma boa bebida mas algumas opiniões sobre o que tínhamos visto no palco.

Paulo Hesse é libertário, político, contestador e rebelde, como comprovam algumas narrativas de sua rica biografia. Mas é também um *gentleman*, daqueles que deixam as damas protegidas enquanto buscam uma vaga para estacionar o carro; um anfitrião impecável, sempre com uma mesa farta a adoçar os que chegam; um amigo leal que luta por seus pontos de vista mas que ao reconhecer seus exageros, chega com um pedido de desculpas delicado, um chocolate, uma lembrança, um carinho. Brigamos um pouco na elaboração desta sua biografia mas rimos muito desses nossos rompantes e fizemos as pazes sempre com fortíssimos abraços e juras de amizade eterna que, tenho certeza, não foram levianas e não se transformarão em poeira. Discutiremos muito mais, não há dúvida, quando eu aceitar seu convite para me juntar a seu grupo de tranca das tardes de domingo.

Se alguma palavra melhor definisse esse ser humano que é Paulo Hesse, eu apostaria em *solidez*. Porque é sólida sua formação, ainda que conturbada, como ele confessa; são sólidas suas relações com os amigos, alguns dos quais tive o prazer de conhecer quando chamada a unir-me a eles para alguns programas; é sólido o amor incondicional que exprime pela mãe, Antonia, de quem cuida com extremado carinho; são sólidos o respeito e o afeto com que cerca a multifamília que construiu, feita de madrastas e meio-irmãos.

Paulo Hesse tem um currículo rico. Trabalhou com alguns dos maiores diretores da atualidade – Antunes Filho, Flavio Rangel, Osmar Rodrigues Cruz, Bibi Ferreira – e confessa, sem pudor, ter aprendido um pouco com cada um. Atuou em obras dos mais respeitados dramaturgos – Sófocles, Shakespeare, Ibsen, Beckett – que consolidaram sua formação. Fez novelas de sucesso – *O Machão, As Gaivotas, Selva de Pedra, Éramos Seis, O Cravo e a Rosa* – defendendo com garra os papéis que lhe foram oferecidos. E teve um caso de amor muito bem resolvido e sem preconceitos com o cinema. Hoje, pode dar-se ao luxo de não mais fazer concessões e selecionar onde, como e com quem quer trabalhar.

Durante nosso convívio, Paulinho, como carinhosamente também passei a chamá-lo, me disse uma frase linda que tomo a liberdade de transcrever nesta introdução que assino, e que resume bem quem é Paulo Hesse ou Paulo César

Boeta: *Não preciso morrer sendo considerado o melhor ator que passou por aqui, o melhor filho, o melhor amigo, mas como o melhor ser humano que eu consegui ser.*

**Eliana Pace**

## Prefácio

## A Boa Alma de um Talento

*Paulo Hesse, como ator, tem um comportamento físico muito pessoal. Cruza as mãos diante do corpo durante sua fala, como uma reza, defesa ou quase súplica, enquanto faz pequenos e repetidos movimentos com os pés, como sapateado em silêncio. Esta sequência de movimentos em semicírculo, geralmente para simular cautela, bom senso e até algum temor, contrasta com sua voz abaritonada, clara e forte. Por alguma misteriosa razão, há sempre um fiapo de cabelo meio fora de lugar. O efeito sempre é engraçado.* 17

*Tais características levaram, sempre, Paulo Hesse a ter uma presença nítida no enredo. Independente do tamanho do seu papel, ele está sempre visível e adequado à situação. Em tantos e tantos desempenhos ao longo de sua bonita carreira, não me lembro de vê-lo deslocado numa peça. Sua figura é sempre um dos pontos de apoio do espetáculo. Por sua personalidade exuberante e outras razões, talvez alheias à sua vontade, cabem-lhe com mais frequência personagens humorísticos. Algo me diz, no entanto, que se um dia ele quiser, e um diretor sensível entender, Paulo nos impressionará com um desempenho* dramático de alta intensidade. Lá no fundo deste temperamento bem-humorado, provavelmente, mora também uma persona dramática que ainda vai surgir mais vezes no palco. Pode ser apenas intuição. De qualquer maneira, Paulo Hesse é ótimo no que faz.

É necessário acrescentar à imagem do ator as suas qualidades humanas. Paulo é um homem bom. Em décadas de amizade – sim, falo de um amigo – nunca surpreendi nele um gesto de vaidade menor, um traço de inveja. É um dos profissionais mais estimados do teatro paulista, e encontrá-lo é sempre uma festa. Enfim, Paulo Hesse é o talento tocado pelo bem.

**Jefferson Del Rios**

# Capítulo I

## Revela-se um Ator

*Raio de sol,*
*dentre todos o mais belo fanal*
*Que em Tebas, das sete portas,*
*Já se acendeu*
*Ó ouro do olho do dia*
*Enfim aberto para as águas do Dirce...*

Antigone – *as falas do Coro dos Velhos Tebanos em sua primeira entrada*

Nasci como ator em fevereiro de 1966, no palco do Teatro Municipal, em São Paulo, integrando o Coro dos Velhos Tebanos na tragédia *Antígone*, de Sófocles. Usávamos um figurino de estopa bem rústica com uma manta que descia por trás dos ombros até o chão e ia se arrastando pelas tábuas do palco. As grandes máscaras de papel machê só deixavam à mostra os olhos e a bocarra. Durante os ensaios, a plateia ficava sempre escura, vazia, mas no palco e dependências do teatro, utilizávamos apenas a luz de serviço. Na noite de estreia, quando fizemos a primeira entrada em cena, usamos uma rampa que descia até o centro do cenário, ao som de efeitos sonoros. Meu coração acelerou. Quando vi os refletores e me senti em cena, fiquei tenso, pensando: *Não posso pisar na bola, é jogar ou jogar*. Joguei.

Ao final, depois de uma hora e meia de espetá-culo, quando entramos para o agradecimento e as luzes se acenderam, pude ver a plateia lotada e ouvir o som dos intermináveis aplausos. Ao refletir que estava no palco do Teatro Municipal, fazendo um clássico de Sófocles, cercado de pesos pesados como Laura Cardoso, Rildo Gonçalves, Rita Cléos, contracenando com atores tarimbados e junto de vários jovens recém-formados pela Escola de Arte Dramática, descobri que estar ali atuando era o que eu vinha buscando há tempos, mas pelo avesso. E agora tinha encontrado.

Eu havia chegado àquele palco através do Conjunto Lancaster e pelas mãos de Benjamin Cattan, que tinha nos contratado para animar a festa de 15 anos de sua sobrinha. Numa troca de gentilezas, ele me sugeriu a participação no coro de *Antígone*, peça que já tinha levado na *TV de Vanguarda* e que ia apresentar no Teatro Municipal com um coro mais numeroso, éramos 10 figuras ou mais. Nesse espetáculo, estreavam Aracy Balabanian, Silvio de Abreu, Roberto Azevedo, Jovelty Arcanjo, Gil e outros tantos atores com os quais tive contato.

Os novos integrantes do coro tinham que passar por um teste com a diretora de voz, Dona Maria José de Carvalho, e a professora Aida Slon, que cuidava da expressão corporal. Fui para o teste com um misto de excitação e pavor mas o entusiasmo falou mais alto. Devo ter tido um constrangimento natural com aquele clima, aquela coisa teatral mesmo porque Dona Maria José era uma pessoa austera, rigorosa e que impunha disciplina aos testes. Mas chutei o balde e fiz o que ela mandou.

Penso que minha voz possa ter ajudado, dizem que ela tem um timbre inconfundível. De minha parte, nunca parei para pensar nisso; a bem da verdade, nunca me serviu para outra coisa além de falar e me comunicar. Nunca fiz dublagem e nada faturei nessa área, mas penso que a voz me facilitou no teste porque fui aprovado. Entrei no elenco em janeiro e ensaiamos duro praticamente umas três semanas para estrearmos em fevereiro. A peça já estava praticamente pronta porque tinha sido apresentada na TV Tupi, então, os ensaios foram mais puxados para os novatos porque os outros já sabiam o texto.

O teatro teve sua origem nos cantos religiosos, é uma arte que existe há séculos e foi evoluindo. *Antígone* foi escrita 400 anos a.C. mas eu, na minha ignorância, não sabia disso, estava deslumbrado, achava tudo lindo, queria saber mais sobre esse tal de Sófocles e perguntava aos colegas: *Meu Deus, então o teatro existe há tanto tempo e eu não sabia? O teatro não começou há pouco tempo aqui no TBC?* Pobre de mim.

Os autores gregos se utilizavam de um coro para comentar a ação da cena. Havia também o Corifeu que sempre se destacava do coro para salientar algum detalhe ou exortar os protagonistas da história sobre fatos ou críticas dos acontecimentos. Era muito texto e embora eu não tivesse problemas para decorar, havia muitas citações de deuses disso e daquilo com as quais eu não estava familiarizado. Mesmo assim, ganhei uma fala sozinho. Além disso, minha inexperiência dava subsídios aos colegas para que me gozassem. Cheguei a sentir certa hostilidade por parte do pessoal vindo da EAD enquanto eu vinha de um conjunto de dança rebolando no *hully gully, twist* e *cha-cha-cha.* É óbvio que da parte de alguns havia uma rejeição com relação àquela figura magrela que falava grosso, usava calça boca de sino e que, de repente, estava ocupando um lugar de igual para igual com eles que tinham levado um tempo enorme para chegar lá estudando na Escola de Arte Dramática. Um dos atores que eu senti que me hostilizava, mas

*Conjunto Lancaster de Danças Modernas*

*Conjunto Lancaster de Danças Modernas: em capa de LP*

não agressivamente, era o Silvio de Abreu, na época, jovem, talentoso, cabeludo e que liderava parte de um grupo.

Ao encerrarmos a temporada no Municipal, fomos nos apresentar no Teatro Coliseu, em Santos. Ficamos hospedados no Hotel Atlântico e foi aí que senti com mais nitidez o comportamento da elite para com os principiantes. Na noite da estreia, numa movimentação do coro, nas marcações o Silvio de Abreu ficava exatamente na minha frente, aproveitei para pôr em prática uma pequena vingança: pisar na capa dele sempre que ele cruzava a minha frente. Numa das outras marcações, quando a fila de atores seguia até a boca de cena, fui levando o Silvio até a beira do palco no limite do fosso da orquestra. Mais tarde ficamos amigos e companheiros de alguns trabalhos. Ele sempre teve uma fina ironia e até hoje tem esse humor que adoro.

Quando terminou a temporada de *Antígone*, eu estava tão encantado e seduzido pelo palco que perguntei a um dos atores que contracenava comigo: *Onde é que se ensina isso?* Foi Gil quem me deu a indicação de que era na Escola de Arte Dramática, que funcionava na Avenida Tiradentes, naquele prédio onde hoje está instalada a Pinacoteca. No dia seguinte eu estava lá.

Se alguém me perguntasse, aos 15 ou 16 anos, o que eu queria ser quando crescesse, não saberia responder, não pensava nisso naquela altura da vida. Não me passava pela cabeça ser médico, dentista, advogado. Sei que eu tinha tendência para engenharia, arquitetura, não a parte da matemática que é terrível, mas em projetar, até hoje guardo uma coleção de plantas de casas que eu desenhava. Tinha muita atração pela arquitetura nesse sentido, mas não tinha nenhuma noção do que seria fazer engenharia. A estrutura que tive de educação era precária.

Fui procurando um caminho com as minhas próprias pernas e acabei encontrando uma janela aberta, a TV Record. Eu era adolescente, morava perto da *emissora dos Machado de Carvalho*, em Indianópolis, e assistia muito televisão, prestava atenção no que os artistas faziam. Naquela época, a Record era líder de audiência com seus festivais, programas musicais, *shows*, entretenimento, aqueles programas infantis, infanto-juvenis, tinha seriado, novelinha.

Quando descobri que uma amiga de infância, a Wilma Chandler, trabalhava na TV Record como garota-propaganda, não tive dúvidas e disse a ela que gostaria de conhecer televisão. Comecei então a frequentar a emissora – claro que se eu morasse na Zona Norte, por exemplo, não teria o acesso que tive logo de cara: Randal Juliano, Isaurinha Garcia, Idalina de Oliveira, Léa Camargo, a *Televina Pinta o 7*, Zilda Cardoso, Nair Bello, Chocolate, Arllete Montenegro linda, no apogeu da sua juventude fazendo uma personagem cega, Fúlvio Stefanini aos 20 anos, começando carreira, Jacqueline Myrna, Altair Lima de namoro com Maria Célia Camargo, com quem se casou, tiveram dois filhos lindos.

Na minha rua morava a Maio Miranda (Maria Alice Miranda), autora do seriado *O Capitão Sete* que ia ao ar de 2ª a 6ª, cada semana com uma história. Capitão Sete era um herói interpretado pelo Aires Campos, quem fazia a namorada era Idalina de Oliveira, sempre impecável com seu penteado *gatinho*. Como eu costumava escrever textos, fui procurá-la com esse pretexto. Claro que delicadamente ela descartou minhas *obras-primas* mas esse contato acabou me rendendo um pequeno papel de cientista num bloco de episódios do *Capitão Sete*. Durval de Souza, produtor de elenco, fazia as escalações da TV Record – muito mais tarde é que fui descobrir que ele era ator, tinha estudado na Escola de Arte Dramática. Tenho a impressão que ele foi sensível à minha insistência em atuar, tanto que me escalou para outros personagens eventuais em quadros dos programas *Show União* e *Show*

*713.* Como *suporting casting* de pontas, apareci como carteiro, entregador de pizza etc. Eu ensaiava com empenho minhas duas ou três falas, cada uma com uma inflexão.

Nesse tempo – anos 1957, 58 e 59 – eu trabalhava no Banco Arthur Scatena, comecei muito cedo, entre os 14 e 15 anos, era um tipo de contínuo, estafeta como se falava, sem nenhum talento para ser bancário. Era rebelde no meu comportamento e na maneira de vestir, não me enquadrava muito naquele esquema, talvez fosse até um pouco indisciplinado. De qualquer forma, me sentia querido pelos chefes em todas as seções por onde passei e fiz alguns grandes amigos com os quais mantenho contato até hoje. É o caso do Giba (Gilberto Gomes), que vive em Brasília como aposentado do Ministério das Comunicações, e do Jandré (João Batista de Andrade), que tem uma banda de *rock* e *jazz* chamada A Idade do Lobo – raramente perco um *show*. Nós três formávamos um pequeno clã de fãs de Elvis e Beatles, das revistas *Cinelândia* e *Filmelândia* e víamos todos os filmes que eram lançados. Tínhamos uma mania uniforme até na maneira de vestir e nos cabelos com topetes – é bom dizer que nessa época eu ostentava uma farta cabeleira, hoje me ficou só a *farta*. Dr. Arthur Scatena era condescendente, nunca nos puniu por irmos contra as rígidas normas bancárias, no fundo, sabia que não ia trabalhar em banco a minha vida inteira, não almejava nem a gerência e nem a chefia do almoxarifado. Queria fazer alguma coisa que me desse prazer, e eis que surgiu a TV Record.

Todos os anos a emissora apresentava vários shows: Entrega do Prêmio Roquete Pinto como tem hoje o Troféu Imprensa do SBT, espetáculos com cantores e cartazes internacionais que na época faziam muito sucesso, como Sérgio Endrigo, Rita Pavone, Pepino de Capri, Sammy Davis Jr. e Marlene Dietrich. Anunciaram que iam trazer ao Brasil o Chubby Checker, que vinha fazendo um sucesso estrondoso no mundo como o rei do *twist*, ele dançava, cantava e se fazia acompanhar por uma big banda. Para promover a vinda dele, a Record resolveu lançar um concurso de dançarinos de *twist* e eu e o Gilberto, o Giba, nos inscrevemos.

Sempre gostei muito de dançar, era pé de valsa desde a minha adolescência naqueles bailinhos da juventude. Inclusive, criei o Astor Clube para reunir a moçada do bairro, eu era presidente e tinha como namorada a Silvia, filha de d. Odete, uma das professoras do Ginásio Princesa Isabel onde eu estudava. Eu devia ser um animador cultural porque além das matinês dançantes criei para o Astor um time de futebol e um jornalzinho mensal. Uma das meninas do clube que trabalhava no SESI editava as matérias e tirava as cópias no mimeógrafo para distribuir para os outros sócios.

Mas voltando ao concurso de dança, o resultado foi anunciado no mesmo dia ao final do *show*. O casal vencedor: Yara e Sidney no primeiro lugar. Fato que foi confirmado no dia seguinte no jornal *Ultima Hora* através da manchete *Yara e Sidney vencem concurso de* twist. *Vão disputar título máximo em Buenos Aires...*

Engoli sem amargor, mesmo porque consegui o 2º lugar. Lamentavelmente meu amigo Giba ficou fora do pódio.

O que valeu é que aquela noite foi cheia de emoções. No próprio Teatro Record, quando a poeira começou a baixar, um jovem senhor aparentemente simpático e gentil nos chamou de lado, a mim e a mais dois ou três concorrentes e nos deu um cartão onde se lia: Itamar Borges, editor da revista *Finesse. Sou empresário,* disse ele, *e estou pretendendo formar um conjunto de dança jovem. Gostaria que vocês me procurassem tal dia e tal hora na Avenida Ipiranga, tenho um escritório lá.*

Fomos ver qual era a proposta, combinar detalhes e cachê, eu muito animado porque aquele
trabalho podia se transformar em um ganha-pão
e me liberar do banco. Itamar nos recebeu e
nos apresentou Jacqueline Myrna, um encanto
de pessoa, que eu já conhecia da TV Record e
que seria a nossa coreógrafa. Formaríamos um
conjunto de três casais que ele venderia para os
vários programas de música jovem de televisão.
Passamos então a ensaiar com a Jacqueline na
sala do apartamento dela, arrastávamos os mó-
veis para poder dançar, ela morava no centro,
próximo à Praça Roosevelt, em frente ao Bar Planeta, que alguns anos depois, com a associação
do Beto e o Sr. Martins, hoje é conhecido como
o gostoso Restaurante Planeta, do nosso amigo e
provedor Beto, que eu brincando nominei *Planeta Oliude*, numa alusão à rede *Planet Hollywood*
dos nossos colegas americanos.

Jacqueline tinha uma mãe francesa muito simpática com a moçada, a Bud, elas se tratavam
de Bud e Jaq. Jacqueline fazia as coreografias,
*un deux trois ta, ta, ta,* criou umas duas ou três
coreografias para o conjunto ter o que mostrar
e vender e criamos um figurino, uma espécie
de uniforme. Logo depois Itamar Borges nos
colocou no programa *Alô Brotos* da TV Tupi,
que ia ao ar nas 2ª-feiras à noite, com uma

hora e meia de duração. A partir daí teríamos nosso cachê e divulgaríamos a revista *Finesse* que também virou nome do conjunto: *Conjunto Finesse de Danças*.

Eu achava tudo aquilo maravilhoso mas sabia que não ia ficar dançando a vida toda, mesmo porque entendia que era moda passageira. Além do mais, nunca fiz curso de dança, balé, porque meu sonho não era esse, embora não soubesse bem qual era. Encarei a ideia do conjunto como uma brecha para entrar no meio artístico.

Ai começou o *Alô Brotos*, programa de música jovem comandado pelo Serginho Galvão, e nos apresentamos lá uma, duas, três vezes, mas sem receber um tostão. Chamei o Serginho de lado e perguntei: *Nós não estamos trabalhando aqui a troco de um cachê? Quem nos paga?* Serginho respondeu que estava pagando os cachês regularmente para o Itamar, então, fui até ele decidido a resolver essa questão. Itamar, irritado, desconversou, disse que o pagamento era em cheque, que precisava de tempo para compensar e, claro, deu para perceber que daquela cartola não sairia coelho. Voltei ao Serginho que quis saber se tínhamos compromisso assinado com o Sr. Itamar. Em resumo, Itamar foi afastado do negócio e o conjunto permaneceu no programa.

*Com Jaqueline Myrna e Eli Vlady, no coquetel da revista*
Finesse

Passado um tempo, Jacqueline nos comunicou que não podia mais continuar trabalhando conosco – foi um balde de água fria, mas hoje penso que ela não deve ter recebido nada do Sr. Itamar. Sugeriu que procurássemos uma escola de dança de salão onde tinha feito aulas, a London Studios, na Rua Augusta próximo da Rua Estados Unidos, onde funciona até hoje a sede da escola de dança da Marika Gidali e do Décio Otero. *Miss* Janet, a dona, podia ter interesse em acolher o nosso conjunto.

Era uma escola bonita, cheia de espelhos, espaçosa e *Miss* Janet, como toda inglesa que se preza, muito formal e elegante e falava pausadamente com sotaque acentuado. Me autorizou a levar o grupo para lá mas com uma exigência: para usar o nome da escola, tínhamos que ter qualidade, ou seja, ensaiar muito para depois vendermos o conjunto. Podíamos continuar com as apresentações no programa *Alô Brotos* mas só seriamos liberados para outras quando ela sentisse que estávamos perfeitos e com novas coreografias. Nossos professores eram o Guillermo, chileno, e o Eduardo Lowental, argentino, que davam aulas de dança moderna. Além do *twist,* outros ritmos entraram no nosso repertório como *rock, cha-cha-cha, madison* e tango. Ensaiávamos três noites por semana sempre após as 22 horas e ficávamos por lá até uma hora da manhã. Só que como eu continuava trabalhando no banco, ia dormir às 2 horas para acordar às 6, entrar no banco às 7 e sair às 13 horas, o que era um sacrifício, ainda que por um motivo delicioso. Resultado: acabei sendo convidado a sair do banco depois de cinco anos e aí o bicho pegou, como eu iria sobreviver?

Quando me vi desempregado e com compromissos financeiros para honrar, tive que tomar uma atitude mais radical. Reuni então meus colegas e avisei que faria uma proposta à *Miss* Janet naquela noite, referente a salários ou ajuda de custos para podermos sobreviver do conjunto, afinal, o grupo estava organizado quando chegou lá e eu achava que era chegada a hora de uma recompensa por tanto esforço. *Miss* Janet argumentou que ainda não estávamos preparados com a perfeição que ela exigia e fez um rápido plebiscito, consultando cada um dos elementos do conjunto para ver quem estava de acordo comigo. Eu acreditava estar falando por todos mas houve um silêncio pesado, uma longa pausa e cada um foi se manifestando a favor dela ...um por um!!!

*Come voce podi vêr, Paul, éstar sendo a único qui não era satisfeito! Éo sintir muito mas 'I mean' nóis vai ficou sem você. Te falei que todas voces tende que ser perfectos, senon nada!*

O sotaque arrastado nunca tinha soado tão audível, tão cruel. Olhei para cada um daqueles parceiros enquanto sentia como um punhal entrando em minhas costas. Saí do London Studios olhando sem ver, ouvindo sem escutar, lamentando todo investimento feito desde o contato com o Itamar, e como um autômato subi a Rua Augusta. Perdi o chão e me afundei em mim mesmo. Vaguei até a madrugada e naquela noite não consegui dormir. Estava arrasado.

Na noite seguinte, ainda arrasado, passei pela Boate Lancaster que era um *point* da garotada. Entrei como um zumbi para curtir um pouco a noite. Lá estava o Wilson Chupeta, que ao saber do que acontecera, me propôs na lata: *Você não quer dirigir o grupo de dança aqui da casa?* Parei pra pensar, afinal, tinha levado uma lambada e não queria me meter em outra fria. Chupeta usou de todos os argumentos possíveis e imagináveis, chamou o Fauzi Mansur, proprietário da casa, e acabei vendo no convite uma chance de dar a volta por cima, emergir da fossa em que me encontrava. Voltei alguns dias depois com uma resposta positiva, reuni o grupo de dançarinos da casa e transmiti minhas condições de trabalho: disciplina, empenho, força de vontade e muito suor. Logo descobri, ali mesmo na Rua Augusta, mais perto do centro, uma outra escola de dança e o proprietário, um americano, acabou me cedendo o espaço sem muito lero-lero. Impôs algumas restrições mas pouco depois me deu as chaves da escola e foi ali que ficamos enquanto durou o novo *Conjunto Lancaster de Danças Modernas* que depois de um mês estreava no programa *Alô Brotos* com a seguinte formação: Chupeta, Neida, Brigite, Kath, Derek, Frank e eu – as frescuras nos nomes são da minha autoria.

O conjunto do London Studios sobreviveu por mais um mês apenas. Com o Lancaster trabalhamos muito e garantimos nossa sobrevivência. Acabei dirigindo, dançando, coreografando, desenhando os figurinos e vendendo apresentações para inúmeros programas. Hilton Viana tinha uma coluna no *Diário da Noite*, foi nosso padrinho de mídia e cobriu nossa estreia em página inteira com muitas fotos. Conseguimos matérias em muitos jornais e fotografamos para capas de LPs da RCA Victor. Entrávamos em todos os programas que trabalhavam com música como *Almoço com as Estrelas*, da Lolita e Ayrton Rodrigues, *Astros do Disco*, *Show do Meio-Dia*, *Carrossel*, do Randal Juliano, *Gentes*, do Jô Soares e fizemos *shows* em clubes não só de São Paulo, mas de fora. Também o Tortuga no Guarujá e o Quitandinha em Petrópolis, no

*Com o troféu do programa* Show do Meio-dia

Rio de Janeiro. Armando Couto, que fazia o programa *Abre Alas* na TV Record, nos contratou e como na época estava nascendo o programa da Jovem Guarda na mesma emissora, entramos como atração fixa também nos *shows* domingueiros durante todo o tempo em que o programa ficou no ar – Roberto Carlos chegou a nos encomendar uma coreografia para dançarmos com ele no lançamento da música *Olha o Brucutu*. Como nos apresentávamos também em algumas atrações especiais, mostramos duas coreografias de músicas de Rita Pavone na temporada que ela fez na emissora, uma delas para *Date-mi un Martelo*. No programa *Drink Musical*, da Tupi, comandado pelo Amândio Silva Filho, lançamos a coreografia de *Macacafú*. Outras danças como o *surf*, que nasceu nos Estados Unidos, e o *madison*, foi o Conjunto Lancaster que lançou. No nosso repertório tinha também *cha-cha-cha,* tango e bossa nova, além do velho *rock* e do *twist.*

Ganhamos três troféus da revista *São Paulo na TV* que premiava os destaques de várias áreas e Marcos Lázaro, o grande empresário de São Paulo, de fala mansa e forte sotaque, nos incluiu na sua relação de produtos para *shows* e programas de TV, ao lado de Roberto, Erasmo e Wanderléa, Os Clevers, Os Incríveis, The Jordans, Rosemary, Martinha, Vanusa, Ronnie Von e a dupla Deno

*Conjunto Lancaster de Danças Modernas: com Rita Pavone num show da TV Record*

e Dino entre tantos outros queridos e saudosos companheiros dos anos 60.

O Conjunto Lancaster durou quase quatro anos, com agenda lotada, e nesse período alguns elementos foram sendo substituídos, afinal, todos procuravam novos caminhos. Na fase final estavam Chupeta, Neida Pandolfi Iaconelli, ou Iaconelli Pandolfi, Derek e Frank e as novas meninas Vera Acui e Claudia. Vera casou com David Grimberg, Claudia com Aladim, líder do conjunto musical The Jordans, e Neida com Ed, diretor de programação da Globo São Paulo. Até hoje, de uma forma ou de outra, mantenho contato com esses casais e seus filhos. Nos despedimos no início de 66. Parece que foi ontem e nós éramos felizes e sabíamos.

Em meados dos anos 60, foi montado no Rio de Janeiro um *show* chamado *Les Girls*, com texto de João Roberto Kelly e Meira Guimarães que era uma paródia de *Chapeuzinho Vermelho*. Tratava-se de um espetáculo da maior qualidade estrelado por transformistas, com destaque para Rogéria. Carlos Gil, que era figurinista da TV Globo e no passado tinha sido comediante, fazia da vovózinha uma caricata maravilhosa.

Devido ao sucesso do *show*, os transformistas paulistas e alguns proprietários de casas noturnas, que até então faturavam em cima do bizarro e do extravagante, se entusiasmaram para criar espetáculos do gênero e entrar na concorrência. Foi o caso de um grupo que me conhecia do Conjunto Lancaster e que me consultou para a montagem de um *show* equivalente. Num primeiro momento, achei que não tinha nada a ver mas quando insistiram, resolvi encarar pelo dinheiro certo e pela diversão. Solicitei um texto dos meus amigos Carlos Motta, que era crítico de cinema no *Estadão*, e Álvaro Leite. Procurei Monsieur Michel, dono da boate Michel na Rua Major Diogo, quase esquina com a Avenida Ipiranga, na Boca do Luxo – a Boca do Lixo era mais atrás. Ele não só topou apresentar o espetáculo na casa como colocou à nossa disposição a banda da boate – *Hugo e seu Conjunto* como também os recursos necessários, como refletores e camarins. Acertamos os valores e começamos o trabalho. Exigi disciplina e pontualidade do elenco, criei as coreografias, selecionei uma trilha musical com Hugo e ensaiamos os esquetes enquanto os artistas cuidavam dos figurinos, das perucas e dos enchimentos de peitos e bundas. O *show* chamou-se *Bonecas Contra 007* e era estrelado por Stella Star que encarnava Marilyn Monroe. Eu, como mestre de cerimônias, fazia a abertura e voltava para o final.

A noite de estreia foi um sucesso porque as *meninas* que frequentavam a noite ajudavam a trazer fregueses. As colunas de jornais que divulgavam os *shows* em geral elogiavam o espetáculo, como foi o caso desta critica, assinada por Monterri:

*... os travestis agradam de fato esse público que movimenta nossa noite. Um dos espetáculos que vem obtendo sucesso é o apresentado pela Boate Michel, a qual tem superlotado todas as noites. O diretor e produtor Paulo Hesse, reuniu em seu elenco cinco ótimos travestis que nos oferecem um espetáculo despretensioso, mas interessante e vistoso. Em Bonecas contra 007, destacamos a atuação de Stella, Cristian e Gigi. Aplausos também para o conjunto do acordeonista Hugo, responsável pela parte musical.*

Depois de alguns meses, Monsieur Michel, com sorriso de orelha a orelha, me solicitou um novo *show*. Reuni a equipe, recorri novamente ao Motta e criamos *Brasilian Dolls* com mais recursos, pompa e circunstâncias. Emplacamos mais um sucesso e longa temporada.

## Capitulo II

## Um Mergulho no Passado

Na vida real sou Paulo César Boeta, o sobrenome é do meu bisavô por parte de pai, que era espanhol. Vovô Romão Boeta era casado com vovó Benedita Viana Boeta, vó Dita para os íntimos. Cá entre nós, desconfio que a avó de minha avó Dita tenha vindo de uma senzala ou de uma tribo de índios e eu seja herdeiro de uma transa entre uma escrava ou índia e um português, uma história como tantas que devem ter acontecido aí por esse Brasil. Quando criança você ouve uma conversa e outra, mas se faz alguma pergunta vem logo a reprimenda: *Onde já se viu, menino? Você não tem nada que se intrometer nisso, sai que esse assunto não é pra você.* E aí você fica com uma coisa guardada lá no cantinho da memória...

Da parte da minha mãe, Antonia, não conheci meu avô paterno que, quando nasci, em 1942, em Caçapava, já tinha falecido. Meus primeiros anos de vida – soube que mamei nos seios de minha mãe até completar um ano – vivia com vovó Margarida, mãe de minha mãe que até onde a lembrança alcança, era uma senhorinha miúda, carinhosa e trabalhadeira.

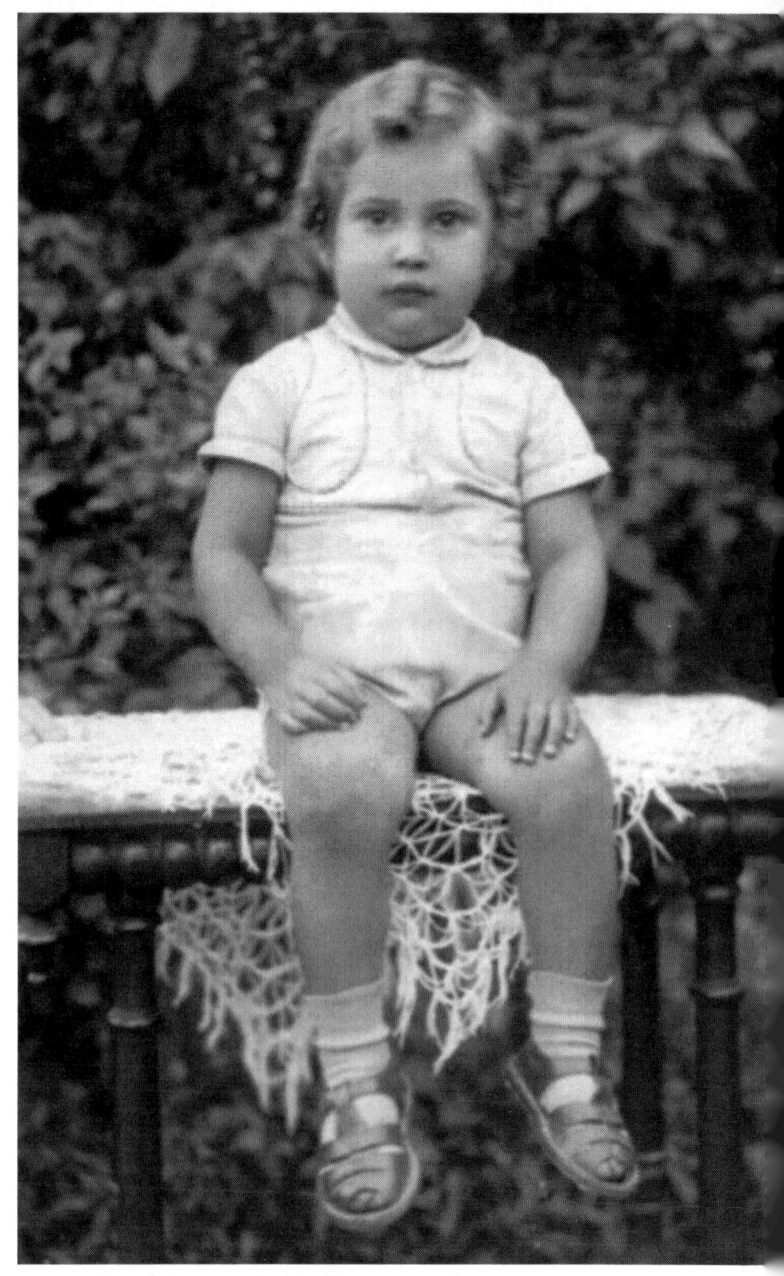

*Aos dois anos de idade*

Sou filho de pais solteiros. Meu pai, Sidney Boeta, não tinha nenhuma veia artística. Os talentos dele eram de Don Juan, um sedutor, foi um homem que teve uma dúzia de mulheres, minha mãe inclusive. Ela morava em Caçapava com a família quando se conheceram. O Sidney, que estava louco para sair de perto da família, ter uma vida própria, se aventurar, foi prestar o Serviço Militar na cidade, ajudado por um primo que era sargento e estava locado no 6° Regimento. Meu pai insistiu tanto com o primo que mudou para Caçapava antes mesmo de fazer 18 anos, idade exigida para servir o Exército.

Ele e minha mãe se conheceram muito jovens, tiveram um namoro e, com quase 19 anos, ele voltou pra São Paulo. Acabou o Exército, acabou o namoro. Mas aí, sem saber, ele já tinha deixado a semente deste que vos fala gerando, gerando, gerando... Que eu saiba, não foi um trauma para minha mãe ter ficado grávida, nem chegou a ser um escândalo na família, pois quando eu nasci, em abril de 1942, fiquei vivendo com ela e minha avó em Caçapava, éramos nós três.

A Antonia deve ter achado que ia criar o filho da maneira que pudesse, independente do pai da criança. Mas, um dia, em São Paulo, eis que ela encontra na rua um amigo do meu pai, os dois tinham servido o Exército juntos. Na conversa,

*Com seu pai, Sidney Boeta*

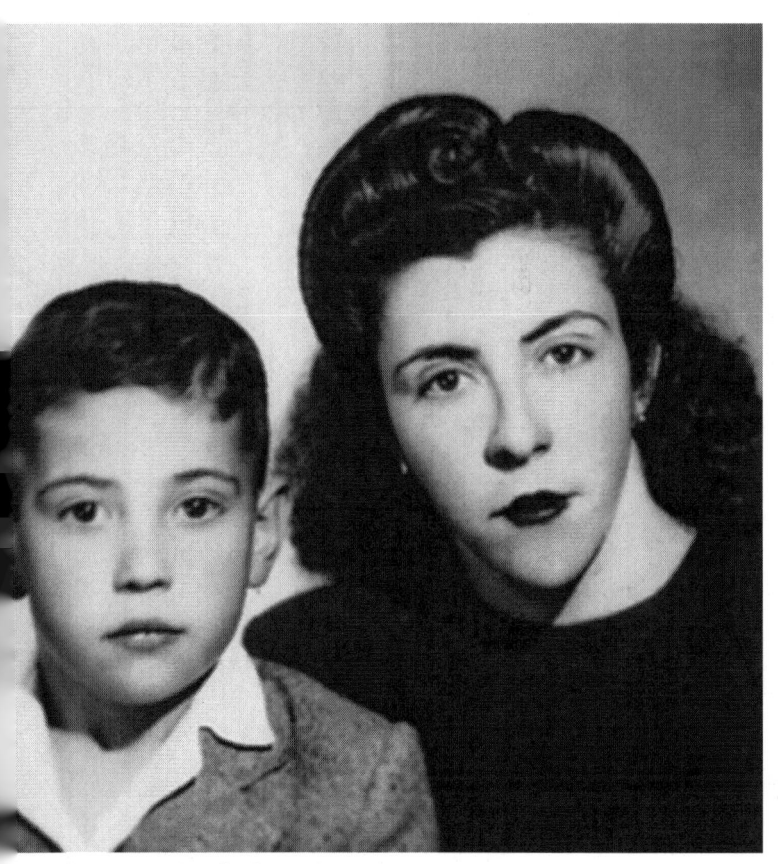

*Com sua mãe, D. Antonia*

ela citou *meu filho* e, como toda mãe coruja, mostrou ao rapaz a foto do filhinho gordinho, cheio de cachos loiros. Pela conversa ele deve ter deduzido que eu seria filho do Sidney e um tempo depois, quando encontrou o amigo, meu pai teve que ouvir: *Sidney, você sabe que tem um filho?* Meu pai deve ter ficado assustado, posso até imaginar a cena: *Eu tenho um filho? Que história é essa?* E o outro: *É, você tem um filho. Você não teve um namoro?*
– *Tive, mas ela nunca me disse nada, nunca tocou nesse assunto.*

Não sei como, minha avó paterna acabou sabendo que tinha um neto, ficou enlouquecida pra conhecer a criança, e aí encheu a cabeça do meu pai: *Você nunca me falou nada, nunca comentou comigo.* E meu pai argumentando: *Mas agora não vou casar, imagina, não estou preparado para isso, nem tenho idade pra me casar. Depois, sei lá se esse filho é meu.*

Eu estava nessa época com dois anos, ele com 21. No período que passou no Exército, ele devia ter namorado outras tantas, só sei que com minha mãe é que a coisa tinha ido mais longe, ficado mais séria. Enfim, minha avó não desistia: *Eu quero conhecer, quero ver, quero conferir.* E tanto insistiu que acho que fizeram uma pequena comitiva e foram de trem para Caçapava para conhecer, na casa da minha avó materna, aquela criança loirinha, gordinha. Não tenho a mínima noção de como deve ter sido esse encontro, parece que minha avó Benedita ficou encantada comigo, eu estava com dois anos, era muito dado, devem ter me dito: *Olha, esse é seu papai, essa é a sua vovó.* Só sei que minha avó Dita obrigou o filho a me registrar e casar com a minha mãe, tenho a impressão que foi ela que impôs essas condições. Algum tempo depois, entrei na igreja carregando as alianças e por causa disso, mais tarde, despertava a inveja dos coleguinhas da escola quando dizia: *Eu fui ao casamento dos meus pais, vocês não foram.* Eles, obviamente, não entendiam o que eu estava falando.

Acho que a vida inteira a Antonia, coitadinha, foi apaixonada pelo Sidney, afinal, ele era uma figura interessante. Ela deve ter achado que o casamento foi para corrigir um erro e, nessas e outras, a união durou só dois anos. Meus avós paternos estavam se transferindo para Londrina, onde abriram o Hotel Viana – não sei bem se compraram ou arrendaram, era um hotel simples – levaram com eles minha tia, meus pais e eu. Em Londrina, meu pai começou, com um provável sócio, a trabalhar como corretor de imóveis, lábia ele tinha. Durante a vida toda trabalhou com administração, venda de terrenos e loteamentos e casas, construía e vendia. Não enriqueceu com isso, mas dava para viver. Morávamos na Rua Pará, em uma casa alugada toda de madeira, muito comum naquela região.

Dizem que eu era terrível quando criança. Terrível no sentido de esperto, comunicativo, levado da breca, como dizia vó Dita. Londrina era uma cidade pequena há 60 anos, mas tinha uma pujança, uma tendência para virar grande centro, tanto que embora seja mais nova que Curitiba, a capital do Paraná, já era vista como uma grande cidade – falava-se que os aventureiros corriam para lá *em busca do ouro*. Nos anos em que vivemos lá, era calma e segura, tanto que o menino levado da breca fugia de casa e ia por conta própria para o Hotel Viana visitar a vovó. Ficavam todos loucos: *Cadê o Paulo?*

Tenho boas lembranças dos tempos que passamos lá. Eu saía com meus avós, passeava com minha tia e minha mãe e como era a única criança da família, tinha alguns mimos. Do meu pai, tenho uma vaga lembrança dele me botar no pescoço de cavalinho. Ele tinha um *fordeco* também e acho que aos domingos, de vez em quando, me colocava no carro para me mostrar para as amigas. O Sidney frequentava umas casas suspeitas e fazia umas gracinhas: *Olha aqui o meu filhote, o meu troféu*... E as putas, digamos assim, encantadas, faziam média com ele: *Ah,*

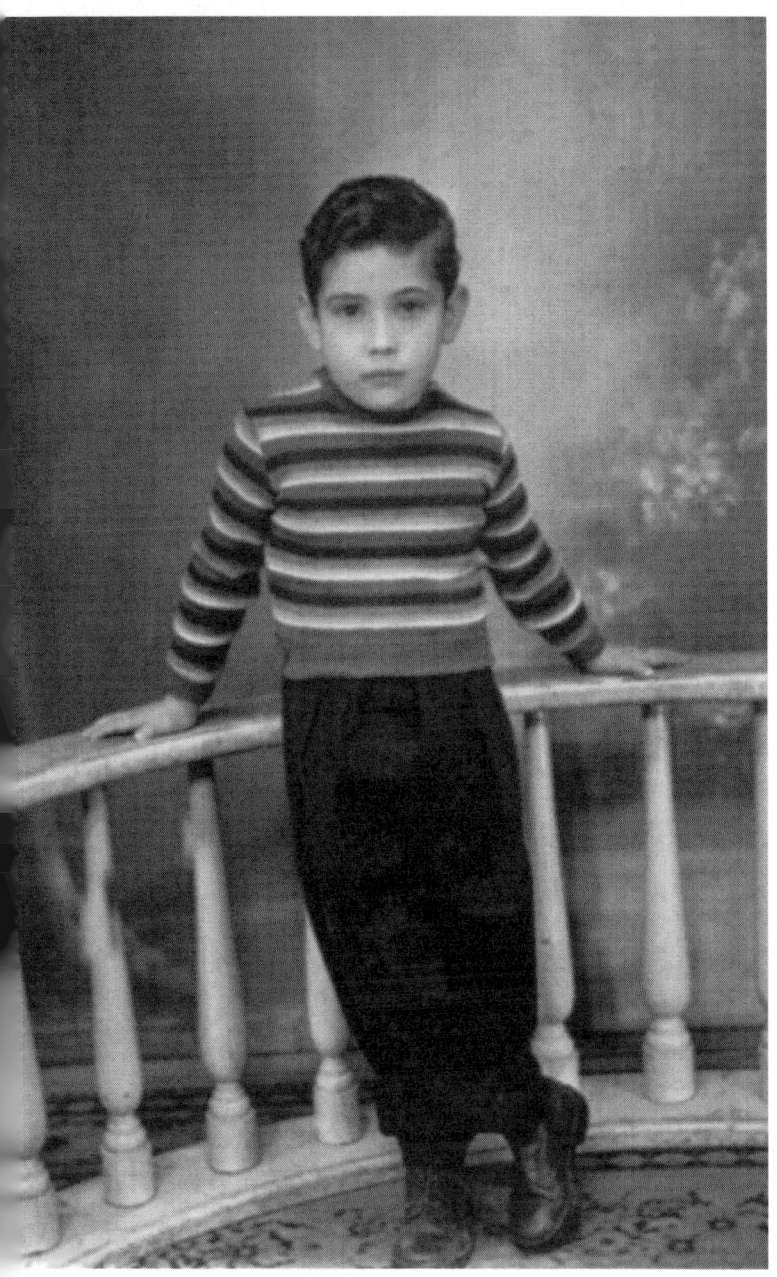

*Aos seis anos de idade*

*que belezinha.* Nessa época, ele devia estar com uns 21, 22 anos, era um garotão curtindo a vida, descobrindo as sacanagens da vida, enquanto minha mãe tinha virado uma esposazinha, uma dona de casa preocupada com marido e filho, com casa e roupa pra cuidar. Passados dois anos, meu avô resolveu que não ia mais ficar com o hotel, porque alguma coisa não deu certo, e voltou para São Paulo com minha avó e minha tia. Alugaram um sobrado em Santana, na Rua Aníbal Benévolo que ainda não tinha calçamento, ficava próximo da Rua Dr. César, ali já havia o Campo de Marte.

Meu pai, que a essas alturas já estava apaixonado por outra mulher, deu um jeito de mandar minha mãe e eu com meus avós para São Paulo com a desculpa de que viria depois para o Natal. Não veio. A família sempre fez questão de não comentar esses fatos, ou quando comentava era numa versão trabalhada. Agora mais velho é que imagino o que deve ter acontecido. O Sidney deve ter pensado: *Quer saber? Vou mandar embora essa encomenda que não pedi pra Deus.* Minha mãe devia falar *não vou* mas, insegura, acabou vindo sem imaginar o que o marido estava tramando: passados alguns dias, ele levou o novo amor para a casa dele. Então, acabei ficando com meus avós em Santana e minha mãe foi pra casa de uma prima em outro bairro.

Dona Dita era muito ligada a mim. A pessoa que mais me deu amor, na minha vida inteira, foi aquela avózinha querida, uma segunda mãe, cúmplice. Foi quem mais me abraçou, me defendeu, me protegeu mas não podia brigar para ficar comigo porque meu avô Romão achava que não tinha obrigação de cuidar de filho de filho: *Botei filhos na vida para que eles andassem sozinhos, então, não quero o Paulo aqui, ele tem pai, mãe, eles que cuidem dessa criança, você já não tem idade pra isso.* Então, virei uma batata quente porque não podia ficar nem com minha avó, nem com meu pai, nem com minha mãe. *O que é que a gente faz com o Paulo? O que é que não faz?* Com meu pai eu não podia ir porque ele já estava com outra mulher. Com minha mãe também não porque ela morava com uma prima que tinha marido e filhas um pouco mais novas que eu, não podia me carregar junto, não tinha nem como me acomodar. Por outro lado, minha mãe achava que se ficasse comigo, ia ter que assumir a responsabilidade de me cuidar e não tinha condições pra isso. Como o Sidney trabalhava com terras, loteamentos, deu pra Antonia só um terreno na separação, mas vai saber, né, devia ser um terreno de 4 x 4 m, nos confins do Paraná.

A solução que encontraram foi um orfanato da Igreja Presbiteriana em Santos. E lá fui eu naquele carrão preto do meu avô, minha avó junto, mais o pastor, pro tal orfanato. Minha mãe, quando soube – ela nunca me perdeu de vista – pegou o endereço e num Dia das Mães foi me visitar. Quando chegou lá, percebeu que todos os meninos tinham um cravo branco na lapela e só eu é que tinha um cravo vermelho. Quando quis saber daquela diferença, explicaram que os órfãos usavam um cravo branco e eu o vermelho porque tinha apenas pai.

– Mas o Paulo tem pai e tem mãe, eu sou a mãe dele.
– Mas quem trouxe ele foi a avó...
– Sim, porque o Paulo é filho do filho dela, mas a mãe sou eu, por isso é que vim visitá-lo no Dia das Mães. E sabe de uma coisa? Isto é um absurdo, por que é que colocam meu filho num orfanato se ele não é órfão? Vou levá-lo daqui.
– Ah, mas não podemos liberar a criança porque não foi a senhora que deu entrada do menino aqui.

Enfim, ficou aquele impasse até que minha mãe resolveu carregar com ela a minha mala com todas as minhas roupas e pertences: *Os senhores que me desculpem, mas vou levar a mala do Paulo para que ele fique sem uma peça de roupa e a avó seja obrigada a vir até aqui para retirar o menino do orfanato.* E saiu de lá com aquela mala enorme de roupas, não sei se de carona pra voltar a São Paulo, se de ônibus ou expressinho, como diziam, e foi direto pra casa da minha avó tomar satisfações. Minha avó tremeu nas pernas, ficou toda abalada: *Meu Deus do céu, e agora o que é que eu faço, como é que eu vou buscar o Paulo?* Deve ter articulado um jeito porque foi me buscar em Santos, me trouxe para a casa dela e teve que ouvir mais uns esporros do meu avô: *Então toma outra providência porque não quero esse moleque aqui, já disse que não quero, não quero e acabou.*

Fiquei na casa deles mais alguns meses e no ano seguinte, antes de completar seis anos, fui internado em Campinas, no Educandário São Paulo. Minha mãe achou essa ideia bem melhor e ajudou a montar o enxoval que eu precisava carregar comigo e que era um absurdo: capa de chuva, guarda-chuva, polaina, roupa de cama, talheres, copo, prato, você tinha que ter um *kit* com as iniciais PCB, PCB, PCB (de Paulo César Boeta, não de Partido Comunista Brasileiro), tenho guardada até hoje uma colher com as minhas iniciais.

Quando me deixaram – fica com Deus, fica com Deus – eu vendo aquele carro indo embora, acho que chorei, tal a sensação de abandono. Me consolaram. Dia seguinte tinha novidades, coisas pra fazer, então... Eu era uma criança alegre, feliz da vida, não estava nem aí, mas marcas internas devem ter ficado, que remédio? Eu não tinha consciência de que era o patinho feio da vida, não sabia qual era a forma ideal de ser filho, ser criança, viver.

A escola era muito bonita e ficava em um lugar aprazível, alto, aberto, afastado do centro de Campinas, tinha um campo, um pomar, um riacho, um pátio grande onde eu brincava com os colegas. O diretor tinha uma filhinha da minha idade – eu era o caçulinha – gostou de mim, eu fiquei amiguinho da filhinha dele, ele às vezes me levava pra dentro da casa sede pra brincarmos juntos.

Minha primeira professora chamava-se Olga, era linda. Fiz lá o 1° ano primário e respeitávamos horários. A disciplina era rígida, tinha hora de ir pra aula, horário do banho. Na hora de comer, todos sentavam em volta daquelas mesas grandes, porque eram várias crianças. Numa data de uma comemoração qualquer, o diretor promoveu uma noite especial. Levou um grupo pra se apresentar distribuindo saquinhos de balas e bombons, houve uma espécie de palestra e depois, num telão, projetaram um filme que na trilha sonora tocava a valsa *Danúbio Azul* – essa música ficou pra sempre gravada em minha memória. No final, quando tocou o sinal para nos recolhermos, um dos amiguinhos sugeriu que eu guardasse meu saquinho de balas num esconderijo com ele. Achei boa ideia e entreguei o meu. No dia seguinte, ao levantar, a primeira coisa que fiz foi buscar minhas balas. Não havia nada mais naquele esconderijo...

Passado um tempo, minha mãe foi me visitar, acho que foi pro meu aniversário, levou bolo, um presentinho, fico imaginando ela carregando aquelas coisas no ônibus. Voltou outras vezes, na Páscoa me levou ovo de chocolate. Minha avó não tinha como ir porque meu avô não levava, mas no final do ano letivo marcou de me buscar para passar as férias com ela. Ligou, mandou carta dando a data, acho que seria dia 10 de dezembro, eu pedi pra escreverem que eu estaria esperando.

As férias chegaram. Próximo do Natal, a meninada indo embora, os internos saindo. Por fim só restaram os empregados da escola e eu. Aí, no dia que ela marcou, eu arrumei minhas coisinhas, minha mala, minha sacolinha e tal e como vovó gostava de plantinhas diferentes, tinha uma coleção de vasos que cuidava muito bem, com muito carinho, eu catei uma meia dúzia de

*Com quase oito anos de idade*

plantinhas pra levar pra ela. A escola tinha uma alameda na entrada e fiquei sentadinho ali a manhã toda, cada vez que via um carro passando lá embaixo na estrada, o coração palpitava mais forte de saudade: *Agora é ela, agora é ela.* Não era. *Será que ela não vem nunca mais? O que será que aconteceu?* O pessoal me chamava:
– *Paulo, vem almoçar.*
*E se a minha avó chegar?* – eu dizia.
– *Se ela chegar, ela espera.*

Aí eu almocei e ela não veio naquele dia, não veio no dia seguinte, se passaram três ou quatro dias, pra mim foi uma eternidade, eu esperando ali sentadinho, achando que ninguém mais viria me buscar, as plantinhas murchando. Afinal ela chegou, foi muito carinhosa comigo e me trouxe de volta. Isso até hoje me emociona, é um mergulho no passado.

## Capítulo III

## Desatando Nós de Familia

Meu pai teve três casamentos além de várias outras relações afetivas no paralelo e por conta disso tive seis irmãos: Antonio, o primogênito, nove meses mais velho que eu. Conheci quando nós dois éramos adolescentes. Infelizmente, saiu de cena aos 30 anos, em um acidente de automóvel. Do segundo casamento com Georgina Barros, logo após a separação da minha mãe, vieram Sidneya e Sandra. Da terceira união, com Fernanda La Torre, Virginia, Vivian e Vanessa, que apelidei de Santa Maria, Pinta e Nina, as três caravelas de Colombo.

Uma ocasião, meu pai me colocou no carro e viajamos até Caçapava. Ele parou na porta do Fórum e ao descermos, me apresentou um garoto e disse: *Este é seu irmão, Antonio. Me esperem aqui.* Enquanto nosso pai entrou no Fórum para resolver o registro desse filho, nós dois ficamos na calçada nos conhecendo. Tenho a impressão que o Antoninho estava conhecendo o Sidney nesse mesmo encontro e acho que tirou de letra essa questão de ganhar um pai. Nunca trocamos figurinhas sobre isso. Da minha parte, achei legal ter um companheiro, um irmão que me chegou já pronto. Tínhamos cerca de oito a nove anos. Uns dez anos mais tarde, Antoninho mudou para São Paulo e veio morar conosco – meu pai, Georgina, eu e minhas irmãs – na Rua Chibarás, em Indianópolis, minha madrasta teve que engolir esse arranjo. Então, arrumei para ele um emprego no Banco Arthur Scatena, onde eu já trabalhava.

Aliás, me lembrei de um detalhe de quando comecei a trabalhar no banco, com 14 anos. No dia em que recebi meu primeiro salário no banco, minha mãe estava na porta me esperando:
– *E aí, filho, recebeu seu pagamento?*
– *Recebi.*
– *Então, a partir de agora você me dará uma parte todos os meses.*

Me senti orgulhoso de poder ajudá-la no aluguel e outras pequenas despesas porque desde pequeno ouvia sempre os conselhos de que eu cresceria e deveria cuidar da minha mãe. Já nos períodos em que eu morava com os meus avós, quando ela ia me apanhar para passear, ir ao cinema ou visitar uma prima, estavam sempre incutindo na minha cabecinha o senso de responsabilidade filial: *Você vai crescer e amparar sua mãezinha, não é?* Eu respondia: *Vou sim, é claro que vou.* Que é o que eu faço até hoje.

Na Rua Chibarás, convivemos bem por alguns anos até que, num domingo, acabou acontecendo um enfrentamento entre meu pai e eu. Eu havia convidado minha irmã Neya para ir ao cinema – fomos assistir ao filme *A Dama e o Vagabundo,* do Walt Disney – e voltamos depois das 10 horas da noite. Tinha feito isso porque minhas irmãs nunca passeavam, tinham uma rotina caseira, meu pai no máximo cumpria seu papel de provedor, mas era ausente: saía de casa às 7 da manhã e só voltava à meia-noite – *Estou trabalhando,* ele dizia. A família só se reunia aos domingos e mesmo assim no horário do almoço. Nesse dia, proporcionei à Neya um programão. Depois do almoço, fomos para o centro da cidade, passeamos pela Barão de Itapetininga, tomamos sorvete, entramos no cinema, a Neya feliz, adorando, pra ela aquilo tudo era uma grande novidade. Quando chegamos em casa, felizes da vida, meu pai estava uma arara e discutimos feio.

65

Na verdade, eu já vinha sentindo na Georgina uma certa insegurança pelo fato de as meninas, adolescentes, estarem convivendo na casa com dois rapazes, eu e meu irmão. Nosso passeio deve ter soado para ela como um absurdo, sei lá. O fato é que depois dessa discussão com meu pai, somada a outros fatores – pra mim nunca tinha sido confortável essa reunião familiar, embora houvesse muito afeto entre todos – achei que era chegada a hora de nos separarmos. Hoje, a distância, avalio que para Georgina não foi nada fácil receber e cuidar de dois marmanjos que lhe foram impostos, uma vez que formávamos um grupo desajustado pelas circunstâncias. Apesar disso, no entanto, éramos cúmplices, amorosos e vejo o quão grande e querida mulher Georgina foi.

No dia seguinte à discussão, no banco, conversei com um colega, chamava-se Antonio como meu irmão, que era de Ribeirão Preto mas morava com uma prima, a Dona Odete – só depois é que fui descobrir que ela se chamava Petrocínia e odiava esse nome – em um apartamento na Peixoto Gomide, ainda hoje existe esse prediozinho. O apartamento tinha três dormitórios e ela alugava vagas, reservei lugar pra mim. Quando anunciei para meu irmão que ia sair de casa, ele logo decidiu ir junto, não tinha sentido continuar lá sem a minha presença.

O problema é que na casa da Odete só havia lugar para uma cama, então, tentei com ela um arranjo, porque ela também dava refeição. Enfim, ela topou meio que a contragosto que fôssemos os dois e sem avisar nada em casa, contratamos um caminhãozinho, colocamos nossas coisas dentro e nos mudamos. Entre a discussão e a mudança se passou apenas uma semana.

Neya e Sandra, quando souberam que estávamos saindo de casa, choraram: *Fica Paulo, por que você vai embora?* Abracei as duas, devo ter chorado com elas, e prometi que voltaria sempre para visitá-las. Somos próximos até hoje.

Aí, num sábado viemos pra Peixoto Gomide, descarregamos nossa bagagem, montamos nossas camas e a primeira noite ali foi uma maravilha, adorei. No domingo, fui subindo aquela ladeirona, andei pela Peixoto Gomide toda até a Paulista reconhecendo o lugar. Não me saía da cabeça, porque fazia muito sucesso na época, uma música linda do Ray Charles, *Stella by Starlight* – eu cantava aquela música feliz da vida.

Eu e Toninho fomos seguindo as nossas vidas. Continuamos trabalhando no banco, ele fazendo seus programas, eu os meus, e a cada dois ou três meses eu visitava minhas irmãs, passava o dia na casa – preferia quando meu pai não estava lá – almoçava com elas, a Georgina me tratava muito bem, com carinho. Alguns anos depois, meu pai me chamou pra trabalhar com ele na Imobiliária Sidney Ltda, que era dele:
– *Você e seu irmão já são maduros, têm que*

*começar a trabalhar aqui, assumir.* Acertou um salário e topei porque estava sem emprego fixo, tinha acabado de entrar na EAD e havia alugado um apartamento na Rua Antonio Carlos, na Consolação, e levado minha mãe pra morar comigo.

Não tenho vergonha de confessar que, politicamente, talvez por não ter frequentado uma universidade, eu era um jovem totalmente alienado naquela época, tanto que só descobri as diferenças de esquerda e direita, de regime militar contra os civis, só fui ter mais ou menos consciência disso depois de 1968, do AI 5, quando a situação ficou mais rigorosa e truculenta. Na época de servir o Exército, me inscrevi, por sorte fui liberado, por ser arrimo de família. E cá entre nós, eu também não tinha a menor vocação para as Forças Armadas.

Voltando à Imobiliária Sidney, numa bela manhã meu pai me chamou de lado e disse: *Vem comigo que eu preciso que você me faça um negócio.* Entrei no carro sem saber do que se tratava e fomos até Santana. Ele então parou o automóvel, me indicou uma casa e disse: *Você vai lá, toca a campainha e manda chamar a Fernanda, convença ela a falar comigo porque se eu mesmo for lá a mãe ou o pai dela podem atender...* Fui, mandei chamar a Fernanda e lá vem ela, mocinha, mais nova que eu – se na época eu tinha uns 25 anos, ela devia ter uns 22, 23 e meu pai devia estar com uns 44 anos. Me apresentei e dei o recado.

Fernanda era uma pessoa ótima, instruída, educada, filha única de um professor, com uma família toda estruturada e, naquele momento, entrou na vida do Sidney pra valer. Meu pai se apaixonou por ela, paixão de homem maduro. Ele dizia: *Essa é a mulher da minha vida!*

Não foi uma situação fácil para Fernanda que sabia da relação de meu pai com Georgina no *oficial* e com outra jovial senhora de nome Angelina, no *paralelo*. Mas ela também se apaixonou por ele e levou sua história adiante. Na ocasião, minha irmã mais velha já estava casada e meu pai prometeu a Fernanda que assim que a mais jovem se casasse, ele se separaria e se uniriam. Assim foi feito e o que ele prometeu, cumpriu.

É lógico que minhas irmãs rejeitaram Fernanda, mas ela foi sempre leal a meu pai, uma esposa maravilhosa, tiveram três filhas e ela viveu a vida inteira com ele. Acredito que o Sidney tenha correspondido, ela deve ter sido o último cais, foi ali que ele ancorou.

## Depoimento

## Mano Paulo

... *Assim o chamávamos, eu e minha irmã Sandra, sempre foi um garoto muito arteiro, com ideias muito criativas, e tinha um bom coração. Passamos vários períodos de nossa infância juntos, pois sendo filho de outra mãe, tinha que fazer rodízio entre a casa da mãe dele, da avó e a nossa. Eu me dava muito bem com ele. Já a minha irmã, ariana como ele, às vezes entrava em atrito. Apesar de sermos meios-irmãos, criamos laços afetivos muito fortes.*

*Paulo, desde criança, tinha dons artísticos. Suas brincadeiras preferidas eram: fazer teatro, peças bíblicas, circo, etc. Nunca me esqueço uma vez, quando ele bordou minha fantasia inteira de pérolas para fazermos um número de trapézio no circo.*

*Eu era sempre a personagem principal. Muitas vezes ele brigava comigo na hora do ensaio, dizendo: – Não é assim, você tem que falar com entusiasmo, usando emoção! Resumindo, na opinião dele, eu não tinha talento para ser atriz!*

*Nossa infância foi muito alegre, cheia de brincadeiras engraçadas como ir ao cemitério* para trocar as flores dos túmulos, brincar de teatro-fantasma, onde ele colocava fósforo em brasa dentro da boca no escuro, usava lençol também na cabeça para assustar as pessoas, entre outras coisas.

Fomos crescendo e chegou a época dos bailinhos. O mano tinha um conjunto de dança chamado Lancaster e, como coreógrafo, nos ensinava os passos das danças. Arrasávamos nos bailinhos. Ele sempre teve muitos amigos, sempre foi uma pessoa popular e os bailes eram muito animados.

O Paulo colecionava fotos de muitos artistas famosos, como Sophia Loren, Marilyn Monroe, Ava Gardner, Ingrid Bergman, Grace Kelly... Eu adorava ficar vendo seu álbum. Gostávamos de desenhar e pintar e passávamos horas curtindo esses momentos alegres e descontraídos. Foi um tempo muito alegre de nossa infância, que jamais esqueceremos. Até hoje, quando nos reunimos, damos muitas risadas, lembrando tempos passados.

Meus filhos, genro, nora e netos adoram ouvir suas histórias, pois o Paulo tem humor e jeito todo especial de contar qualquer história. Todos adoram!

*Mano, admiro muito você. Que é uma pessoa humilde, honesta, íntegra, amorosa e, apesar de tudo que passou, tem muito entusiasmo pela vida!*

*Valeu mano, amo você!!!*

**Sidneya Boeta**

# Capitulo IV

## Concretizando um Sonho

Desde a apresentação com *Antígone* no Teatro Municipal, que me proporcionou todo aquele encantamento, eu sabia que tinha me encontrado no teatro. *Antígone,* o divisor de águas, me fez descobrir a existência de Sófocles e seus parceiros Eurípedes, Aristófanes. Eu só não sabia que podia aprender a fazer teatro, ignorava a existência de uma escola especificamente pra formação do ator.

*– Como é que eu faço para entrar nessa escola?*
*– Ué, você vai lá e fala que quer fazer o curso.*

Com essa dica, fui correndo para a Escola de Arte Dramática ali na Av. Tiradentes, 141, junto à Estação da Luz, me inscrever. Quem me atendeu foi Maria Thereza Vargas, a secretária da EAD na época, que me deu um banho de água fria quando disse: – *Olha, meu filho, você me desculpe, mas já passou da hora, estamos em março e daqui a alguns dias começa a nova turma. Vai ter que voltar no ano que vem.*

Fiquei arrasado e preenchi o resto desse ano com outros trabalhos e no final de 66 prestei o exame de admissão. Voltei para conferir os resultados nas terríveis *Cinco in punto de la tarde/ eram as cinco em todos os relógios/ eram as cinco na sombra da tarde*. Nunca me esqueci desses versos de um poema de Garcia Lorca que faziam parte de um texto da Renata Pallottini em homenagem ao Lorca. E, ao subir os velhos degraus de madeira que nos conduziam ao primeiro patamar, onde uma escultura enorme de um índio ameaçador se postava como guardião da ordem e da disciplina, com o coração apertado e pulsando com certo descompasso, ouvi as cinco badaladas do relógio inglês da Estação da Luz. O poema continuava assim:

*Eram as cinco em ponto dessa tarde.*
*Veio um menino com a mortalha*
*às cinco horas da tarde.*
*Uma cesta de cal já preparada*
*às cinco horas da tarde.*
*Tudo o mais era morte e apenas morte*
*às cinco horas da tarde.*

O fato é que essas badaladas acabariam me acompanhando durante todo o curso, como também o exercício que o Dr. Alfredo Mesquita propunha aos alunos do 1º ano: – *Você sobe como um rei e desce como um mendigo.* Na primeira tentativa, desci aqueles degraus da EAD como um mendigo mas quando fui aprovado, subi e desci como um rei.

Quando fiz a inscrição, deram-me uma relação de itens que teria que apresentar no exame de admissão. Entre eles, um texto extraído de uma peça de teatro, que poderia ser comédia ou drama, podia ser também um monólogo ou diálogo, ou cena com mais personagens. Além disso, eu teria que declamar uma poesia parnasiana e tinha também um trabalho de corpo, de expressão corporal. Enfim, peguei aquela lista e me assustei:

– *O que vem a ser uma poesia parnasiana?*
– *Meu Deus, uma peça de teatro, aonde é que vou achar uma peça de teatro?*

Eu tinha visto uma coisa ou outra de teatro amador e pelo menos um espetáculo do Teatro Popular do SESI. Lembro também de ter visto uma peça chamada *A Sapateira Prodigiosa,* do Lorca, que a Ruthinéa de Morais fez no Teatro Maria Della Costa – se não me engano, o marido dela, João José Pompeu também estava no elenco. Enfim, meu contato com essa arte limitava-se a isso e não tinha amigo nenhum no teatro.

Procurei então o Gil, que estava no coro de *Antígone* e que disse que me ajudaria, fui à casa dele e ele me orientou: – *Você quer fazer um monólogo ou um diálogo?*

Como não tinha quem ensaiasse comigo, optei por um trecho da peça *Zoo Story,* do Edward Albee, o papel do Jerry. Estudei sozinho, li a peça toda, reli, escolhi a cena, decorei o trecho que eu achava que tinha mais molho. Eu não sabia o que era poesia parnasiana, mas o Gil tinha algumas e me ofereceu uma delas, aquela do Vicente de Carvalho que dizia:

Deixa-me, deixa-me, fonte!
*Dizia a flor a chorar:*
Eu fui nascida no monte...
Não me leves para o mar.
*E a fonte, rápida e fria,*
*Com um sussurro zombador,*
*Por sobre a areia corria,*
*Corria levando a flor.*

Fui muito nervoso pro exame, muito tenso, devia ter mais de 100 candidatos pra 25 vagas, mas a surpresa é que fui aprovado. A banca devia ter uns cinco ou seis professores, estavam o Dr. Alfredo Mesquita, Milene Pacheco, Pedro Balazs, que era psicólogo, Cândida Teixeira, e outros que não me recordo agora. Até então me sentia solto na vida, estava fazendo minhas descobertas, aprendendo, juntando os cacos que tinham me sobrado das várias situações pelas quais passei para formar não uma porcelana, mas talvez um jarro de barro bem esculpido, se possível belo.

Quando comecei na Escola de Arte Dramática, Dr. Alfredo proibia os alunos de participarem de montagens e eventos logo no 1° ano. O pessoal do 2° e 3° anos já fazia alguns espetáculos extracurriculares e, eventualmente, quando havia necessidade de algum figurante, procuravam os alunos mais novos, aqueles que tivessem mais boa vontade. Com isso, acabei fazendo um personagem, quer dizer, praticamente uma figuração, na peça *Joana D' Arc*, de J.P. Claudel, dirigida pelo Cláudio Luchesi. Foi meu primeiro trabalho na EAD que não era curricular mas me encheu de entusiasmo. O texto, o clima, o pátio octogonal e a personagem Joana, a camponesa que se transformou numa heroína defendendo o rei da França. Ela era motivada pelas *vozes* com quem dialogava, que a incentivavam a ir à luta, a vencer. Célia Olga desempenhava Joana D'Arc. Uma fala dita por ela nunca mais me saiu da cabeça. Na fragilidade diante de tamanha responsabilidade ela dizia – *A vida fez de mim um livro e eu não sei ler...* Era bom aquilo... Eu começava a descobrir que a escola não cria nenhum ator, não dá talento a ninguém, mas ajuda muito a quem deseja seguir a carreira seriamente e vencer.

Minha turma era bem grande porque, além dos 25 alunos – entre eles estavam Neide Derito, Célia Paixão, Jandira Martini, Ney Latorraca, Cléo Ventura, Esther Góes, Quim (Joaquim) Marques, Lucia de Carvalho, que não fez carreira porque foi viver em Londres e casou por lá, Célia de Lima, que também não seguiu carreira, Ana Maria Barreto, havia alguns repetentes.

O prédio em que a EAD funcionava, onde está hoje a Pinacoteca, era muito interessante, apesar de abandonado. Na parte da frente, que dá pra Estação da Luz, ficava o Liceu de Artes e Ofícios. Uma parte do edifício era usada para a escola do Dr. Alfredo. Tinham salas de aulas no 1º andar e embaixo ficavam as maiores e vazias usadas para exercícios físicos, esgrima, expressão corporal, mímica, improvisação, dança, maquiagem. No centro da construção existia – ainda existe, mas agora descaracterizaram – um pátio octogonal a céu aberto onde às vezes apresentávamos alguns espetáculos, era um lugar muito bonito, tinha uma alma.

Aliás, acho que a Escola de Arte Dramática toda tinha uma alma, uma essência, a gente brincava que devia ter também uns ácaros famosos e antigos. Enfim, aquilo tudo pra mim era uma coisa deslumbrante e eu me encontrei ali, naquele pedaço de mundo que eu desconhecia e do qual de repente me via fazendo parte.

Dr. Alfredo tinha sido contemporâneo de Sarah Bernhardt, viajava muito para a Europa, tinha amigos por lá. Contava histórias dela, histórias da Semana de 1922, falava da Chinita Ullmann, que tinha deixado com ele uma verba para que fossem premiados os alunos com melhor frequência às aulas. Eu não tinha a menor ideia desses acontecimentos, então, entrei em um mundo fantástico, maravilhoso, e levei a EAD muito a sério.

A Escola de Arte Dramática era de graça e o Dr. Alfredo ainda trazia de sua fazenda legumes e frutas para oferecer para aquela moçadinha que trabalhava o dia todo e chegava morrendo de fome. Dona Maria Baiana fazia aquele sopão de ervilha ou de mandioquinha, bolinhos, sanduichinhos, era uma oferta do Dr. Alfredo para fortalecer o time dele.

O entusiasmo dos professores com a nossa turma era muito grande, nossa classe tinha uma cor especial, era um grupo interessado, disposto e com grandes talentos. Logo no final do 1º ano, os professores, estimulados pelo entusiasmo da turma, fizeram conosco um recital, cada um criou um trabalho qualquer na sua cadeira, tinha recital de poesia, mímica – a Cândida Teixeira me colocou como diretor desse espetáculo de mímica em que interpretávamos os sete pecados capitais, eu fazia a Gula.

No 1º ano, fiz amizade com o Jefferson Del Rios e a namorada dele, a Dilma, e os dois começaram a me dar dicas para ler Simone de Beauvoir, Sartre. Aí, como eu também queria dirigir alguma coisa, no 2º ano me caiu às mãos o livro *Huis Clos* ou *Entre Quatro Paredes,* do Sartre. Montei um elenco e começamos a ensaiar aos sábados e domingos durante uns três, quatro meses, porque à noite, por causa das aulas, o Dr. Alfredo não permitia. O teatrinho da escola lotou quando nos apresentamos.

*Alunos do segundo e do terceiro anos da Escola de Arte Dramática encenaram, no teatrinho da Av. Tiradentes,* Entre Quatro Paredes, *de Jean-Paul Sartre. Justiça seja feita aos moços da EAD: partindo de uma peça furada, como substância e mensagem, elaboraram um espetáculo perfeitamente válido e respeitável, numa linha de sobriedade digna de artistas mais amadurecidos e experientes. Por isso a experiência valeu a pena Paulo Mendonça –* O Estado de S. Paulo.

Lembro de algumas peças que montamos na escola, nos exames práticos ou extracurriculares: *As Alegres Comadres de Windsor*, que o Dr. Alfredo Mesquita montou com a turma do 3º ano – como ele deu chance aos novatos, entrei em um pequeno papel; *O Relicário*, com direção da Maria José de Carvalho que apresentamos no

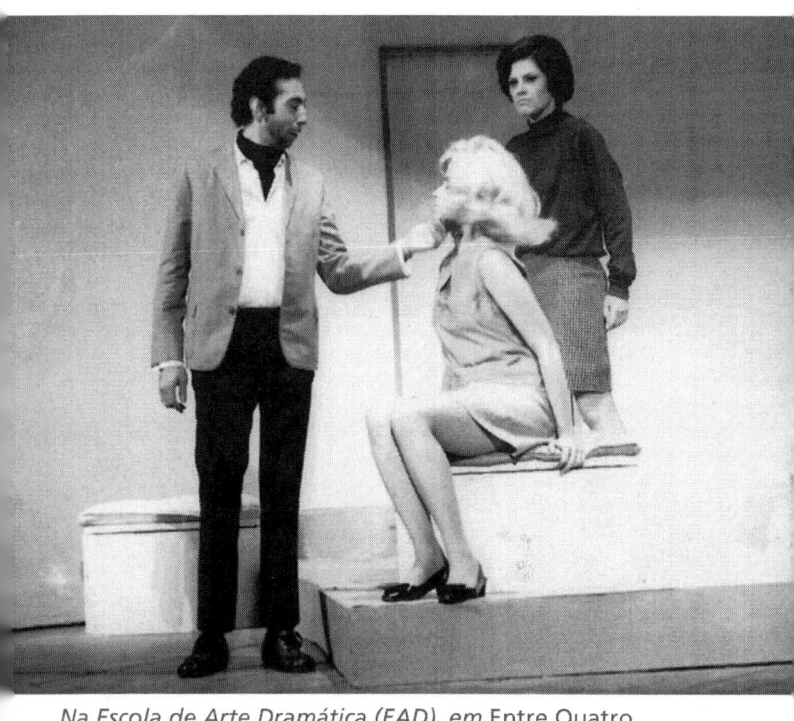

*Na Escola de Arte Dramática (EAD), em* Entre Quatro
Paredes

*Na Escola de Arte Dramática (EAD), em* Entre Quatro Paredes

Teatro Anchieta em 68; *O Mestre*, do Ionesco, com direção da Tereza Aguiar, que foi meu exame de formatura; *Os Espectros*, do Ibsen, dirigido por Ana Maria Barreto.

Quando cursei a EAD, trabalhava na TV Globo ao mesmo tempo, das 7 da manhã às 7 da noite, então, saía correndo porque as aulas começavam às 19 horas. Eu não gostava de faltar mas, eventualmente, chegava atrasado ou não ia, não por vontade própria, mas porque se houvesse algum problema com as gravações das novelas, cabia a mim resolver. A Maria José de Carvalho – provavelmente na época eu a tratava de Dona Maria José – era um poço de talento, uma pessoa muito pra frente para a época em que viveu, já era ponta de lança, uma mulher altamente preparada que falava vários idiomas, grego inclusive. Era uma artista e embora não tenha enveredado no campo da interpretação como atriz, estava sempre representando. Tinha dias que em vez de entrar na matéria propriamente dita, ficava contando os *causos* da vida dela, as coisas loucas que tinha feito, os cigarros que fumava em plena Barão de Itapetininga, as calças compridas que usava quando era um escândalo trajar-se assim. A gente ficava embevecido com as histórias da Maria José que era, acima de tudo, uma mulher instável, tempera-

*Na Escola de Arte Dramática (EAD), em* As Alegres
Comadres de Windsor

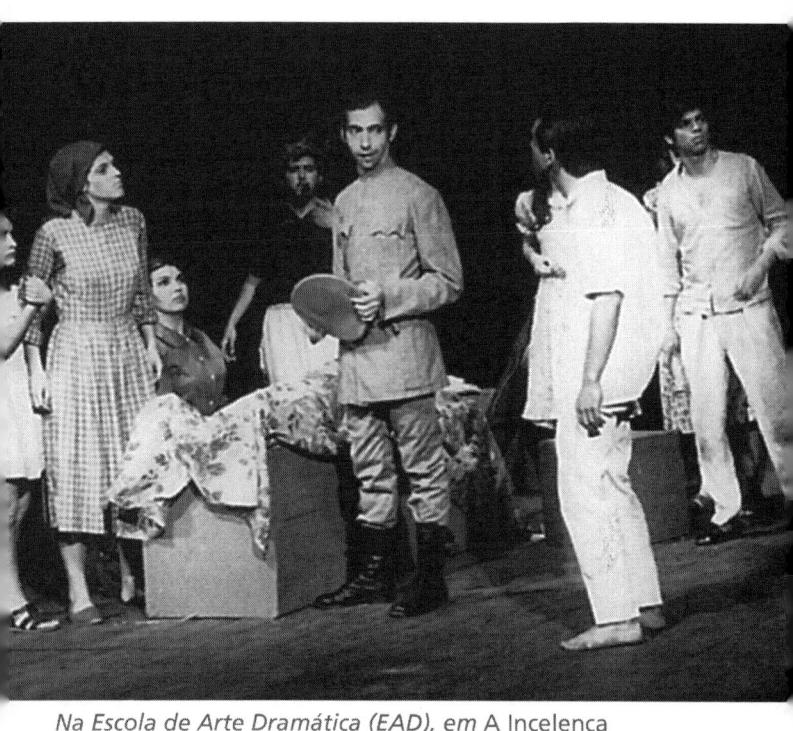

*Na Escola de Arte Dramática (EAD), em A Incelença*

mental, um vulcão, tanto que todos tinham um certo receio, um certo cuidado com ela.

Uma ocasião, eu devia estar no 2º ano, ensaiávamos com ela um espetáculo do Coelho Neto para apresentar nos exames finais. Meu papel nem era tão extenso, mas eu devo ter faltado em um dos ensaios, ou cheguei atrasado, ou talvez não estivesse com o texto totalmente decorado, só sei que ela não quis trabalhar a minha cena e fez um discurso enorme chamando a minha atenção e numa representação brilhante de grande dama ofendida me escorraçou no meio do ensaio. Eu rebati e tive que fazer minha própria defesa:

– *Eu não lhe dou o direito de ficar me esculhambando no meio da classe. Se não estou fazendo melhor, se não estou acompanhando como deveria, é por absoluta falta de condições, porque trabalho das 7 da manhã às 7 da noite e não tenho tempo de estudar o meu texto como gostaria... Tem que haver tolerância porque nem todos aqui têm disponibilidade para decorar, bater texto... E a senhora tem toda liberdade para me excluir do elenco, me substituir por outro aluno qualquer.*

Aí houve um silêncio porque nunca ninguém, pelo menos na minha classe, tinha contestado Dona Maria José, que tratava as pessoas mais fracas, mais tímidas, com mais truculência. Da mesma forma como eu a respeitava como professora, queria que ela me respeitasse como aluno. Só sei que depois desse meu discurso, ela simplesmente pegou a bolsa e uma pasta, levantou-se, atravessou o teatrinho e saiu pisando duro. O Quim Marques e a Tereza Teller, abalados, foram atrás dela, ela não queria que eles chegassem perto, até que deu uma rodopiada e caiu, desmaiou.

– *Levanta, Dona Maria José, levanta.* Enquanto ficavam naquela de puxa de lá, puxa de cá, ela era pesada, tinha um quadril bem farto, eu, me sentindo péssimo, fui até a secretaria e avisei que tinha discutido com Dona Maria José, no meu ponto de vista era uma discussão inevitável. Surpreendi-me quando a secretária me respondeu que não era a primeira vez que aquilo acontecia, que os chiliques eram comuns, tanto que o Dr. Alfredo não tomou nenhum partido naquela noite.

Aí, passados uns dias, ela voltou a dar aulas como se nada tivesse acontecido. Não comentou a discussão, mas deu a maior bronca nos alunos que a tinham levantado do chão, chamando-os de imbecis e idiotas. Depois desse episódio, ficamos amigos e até pouco tempo antes dela morrer, estivemos juntos. Quando fiz a peça *El Grande de Pepsi-Cola*, pedi que ela me orientasse para falar espanhol e tivemos uns dois ou três ensaios. Ela morava no Ipiranga e tinha até um cabaré em casa, construiu uma espécie de palco, uma plateia, organizava saraus, cantava, declamava. Eu frequentava a casa, ela era extremamente carinhosa comigo, ficamos muito amigos, ela queria que nos víssemos com mais frequência: *A gente se vê tão pouco, a gente precisa se telefonar mais, se procurar mais, a qualquer momento estaremos nos separando todos.* Realmente, ela foi embora pouco tempo depois. E nunca tocamos no assunto da discussão na EAD.

Desde meus tempos de escola, quando a professora fazia a chamada pelos sobrenomes – *Silva, presente; Albuquerque, presente* – cada vez que ela me chamava, a molecadinha maliciava, dava aquela risadinha, então, comecei a implicar com o Boeta. Mais tarde, quando eu ia fazer inscrição para alguma coisa e via que as gozações continuavam, eu mesmo já comecei a brincar com meu nome: – *Olha, é Boeta, sem o C.* Foi por essa razão que passei a usar artisticamente o sobrenome Hesse já nos tempos do Conjunto Lancaster. Não tem nada a ver com a família nem com o escritor Hermann Hesse, quando me faziam essa pergunta, eu respondia brincando, é claro: – *Olha, não quero ficar explicando porque não quero promover esses autores novatos...* Na verdade, há muitos anos lera um livro sobre o condado dos Hesse, na

Alemanha, que viviam em um castelo, tinham um brasão. Fiquei encantado com tudo aquilo e passei a usar o Hesse como nome artístico.

Não troquei de nome para poder trabalhar escondido, não, embora tenha sido uma boa para eu dar uma estocadinha no meu pai que dizia: *Imagina ser artista, tá louco? Você tem que ganhar dinheiro pra se divertir, pagar pra ficar na plateia, pra aplaudir o artista e não ficar dando uma de palhaço pros outros se divertirem...* Mal sabia ele que o que eu preferia ser era justamente o palhaço.

Quando estava no 3º ano, como trabalho extracurricular escolhi o primeiro texto escrito pelo Léo Gilson Ribeiro para dirigir, produzir e atuar. A peça chamava-se *Balada de Manhattan*, ele havia escrito especialmente para a Cacilda Becker e a trilha sonora tinha um grito gravado pela Milene Pacheco, professora da EAD. Fui em busca dessa fita com a Cacilda para colocar na peça, ela e Walmor Chagas me cederam o material de bom grado, até convidei o casal para a estreia do espetáculo na EAD. Mas, infelizmente, a Cacilda faleceu exatamente nessa noite, fizemos um minuto de silêncio. A fita, que era uma relíquia, ofereci depois para a Tunika, a sonoplasta maior da classe teatral.

*Na Escola de Arte Dramática (EAD), em* Balada de Manhattan

A história se passava junto a um prédio de uma rua tranquila em Nova York. Há um homicídio, a vitima, a enfermeira Kitty Genovese, foi esfaqueada várias vezes e fica agonizando porque ninguém atendeu a seus pedidos de socorro. É aberto um inquérito e os moradores do prédio dão seus depoimentos, cada um justificando por que não havia prestado atendimento à vitima. É uma peça muito atual, apesar de ter sido escrita há 40 anos, porque ainda hoje vemos esse tipo de violência nas ruas. Você está no seu carro, vê dois caras com uma arma tentando assaltar o motorista vizinho e sai de pronto.

O texto era uma sucessão de oito monólogos sobre a omissão e a indiferença, e o meu era do sulista. Tinha um casal de americanos, em que a mulher dizia um monólogo e o marido outro; o monólogo do negro; o monólogo do músico; o do *hippie*; o da velha visionária. Era uma peça de vanguarda com uma estrutura inteiramente original e o texto dava boas oportunidades de criar ligas, situações. Eu emendava os monólogos com algum movimento, cortava as falas, refazia para não ficar uma coisa monótona. Ocupamos o pátio interno da escola, aquele espaço lindo, e no elenco estavam Esther Góes, Ney Latorraca fazendo o *hippie*, Walter Cruz como o repórter, João Acaiabe como o zelador do prédio, Neide no papel de uma velha.

*Na Escola de Arte Dramática (EAD), em* Balada de Manhattan, *com João Acaiabe*

Na Escola de Arte Dramática, as apresentações eram únicas, quando muito duas sessões, não se faziam temporadas. Ensaiávamos muito e para essa peça foram três meses – o Léo Gilson, inclusive, foi assistir a um dos ensaios e ficou entusiasmado com os resultados da direção.

Apresentei esse espetáculo depois de uma briga grande com o professor Clóvis Garcia. É que eu tinha marcado a apresentação para uma 2ª feira, dia em que a classe teatral estaria de folga, para que atores e outros convidados pudessem ir nos ver. Para o Léo também era bom mostrar seu trabalho. Acontece que na semana anterior, com os convites e a divulgação já feitos, o professor Clóvis, que estava no lugar do Dr. Alfredo naquela fase de transição da EAD para o *campus* da USP, quis barrar a apresentação – acredito que eu não tenha pedido licença a ele para apresentar a peça. Insisti e ele radicalizou, me ameaçando de expulsão se eu abrisse as portas para o espetáculo. Fiquei numa tensão única, tudo preparado, gente convidada, não tinha como cancelar o espetáculo e a ameaça de expulsão logo no 3º ano! O elenco ficou dividido, era um caminho sem volta. Só sei que implorei, pedi aos professores que intercedessem por mim, consultei Dorothy Leirner, Milene Pacheco, e graças a Deus o professor Clóvis liberou e deu tudo

*Na Escola de Arte Dramática (EAD), em* Balada de Manhattan, *todo o elenco*

certo, foi um sucesso. Foram todos os alunos, o professor Clóvis foi ver, Sábato Magaldi idem, até Pietro Maria Bardi. Aliás, dei um vexame porque como o espetáculo estava lotado, tentei barrar a entrada dele, nem sabia quem era aquele senhor simpático ali espremido naquele bolo de gente, até que me falaram que o Bardi era *imbarrável*! A Imprensa até fez comentários sobre o trabalho, considerando essa montagem um salto da EAD como centro experimental de teatro.

*Parece-me que o Paulo Hesse deu uma dimensão nova ao meu texto que é confessadamente difícil, embora queira ser de vanguarda. A série de monólogos foi tornada dinâmica, viva, impressionante pela utilização de roupas muito expressivas, de um praticável imenso geométrico de recursos visuais e auditivos que deram uma dimensão à peça que eu não suspeitava que ela pudesse ter, pois o autor não é o diretor.*

95

Leo Gilson Ribeiro

*O espetáculo revela em Paulo Hesse um iniciador muito imaginoso e lúcido, ele intercala monólogos em beneficio da vivacidade cênica e rompe deliberadamente as convenções do realismo para transmitir uma visão mais profunda da obra.*

Sábato Magaldi – *Jornal da Tarde*

*... e justiça seja feita aos moços da EAD que elaboraram um espetáculo perfeitamente válido e respeitável numa linha de sobriedade e sinceridade digna de artistas mais amadurecidos e experientes.*

*... o aluno Paulo Hesse, usando um texto pouco teatral de Léo Gilson Ribeiro, conseguiu fazer da* Balada de Manhattan *um exercício de livre criação cênica.*

*... a espontaneidade do trabalho sobrepujou as boas regras formais da encenação...*

*... deve-se creditar ao aluno diretor Paulo Hesse o mérito de ter sido um novo destruidor de barreiras...*

**Oswaldo Mendes – jornal *Última Hora***

Eu gostava de atuar, achava mais fácil, tinha optado pelo curso de interpretação, mas gostava muito de dirigir também, embora fosse inseguro nessa área, daí ter gostado muito dessas críticas ao meu trabalho. Era rigoroso no que estava estabelecido, no que estava sendo proposto e discutido. Eu exigia resultado numa encenação porque tinha uma noção exata do que pretendia, do que queria passar para o espectador.

Quando fiz esses trabalhos de direção, não tinha tido ainda uma carreira com vários diretores para ter assimilado o que é um processo de direção, nem sabia da potencialidade que eu tinha para dirigir, organizar, impor. Sábato Magaldi vira e mexe dizia nas criticas que eu poderia me sair bem como diretor, que eu deveria investir nesse campo. Fui impelido a dirigir por entusiasmo, curiosidade, por querer fazer e criar possibilidades de estar fazendo alguma coisa paralelamente ao curso de interpretação. Por circunstâncias acabei virando diretor em alguns momentos sem nunca ter me preparado para isso, do mesmo modo como acabei virando coreógrafo sem nunca ter feito balé na vida.

Outra experiência muito legal que tivemos na escola foi participar do Festival de Teatro de Manizales, na Colômbia, de 4 a 12 de outubro de 1969. Para felicidade nossa, foi a primeira vez que um grupo foi representar a Escola de Arte Dramática fora do Brasil, e abrimos o evento. Éramos 18 alunos, mais ou menos, e levamos duas peças: *Pedro Pedreiro*, da Renata Pallottini, com direção do Silnei Siqueira (no elenco, Ney Latorraca, Jandira Martini, Tereza Teller, Joaquim Marques, José Possi Neto, João Batista Acaiabe, Esther Góes, Cléo Ventura e eu) e *O Rato no Muro*, da Hilda Hilst, com direção da Tereza Aguiar, feito só por mulheres. Esse

*Na Escola de Arte Dramática (EAD), em Pedro Pedreiro*

espetáculo da Tereza se passava na rua e não no palco de um teatro. Foi uma temporada maravilhosa porque o festival reunia grupos de teatro de toda a América Latina. A Argentina, por exemplo, levou Garcia Lorca com *Amores de Dom Perlimplim e Belissa em seu Jardim*.

Terminei o curso da EAD com uma média excelente – 9,5 – e nossa turma foi a primeira a ter uma festa de formatura, não me lembro de nenhuma outra ter isso antes. Optamos por uma criação coletiva e criamos, escrevemos e dirigimos um *show* com vários quadros, falávamos também do teatro de agressão. Cada aluno escolheu seu figurino – eu usava um Paco Rabanne preto de couro – e chamou um padrinho para entregar o diploma, fazer parte da festa que aconteceu num teatro. Escolhi Sérgio Cardoso, que eu conhecia da TV Globo aqui de São Paulo, éramos amigos, trabalhamos juntos, mas como no dia ele tinha gravação da novela *A Cabana do Pai Tomás*, mandou que Miriam Mehler o representasse – outros padrinhos eram Felipe Carone, Ademar Guerra, Celso Nunes, Juca de Oliveira. Fizemos juramento de que seríamos fiéis ao teatro e nossos professores todos compareceram: Maria José de Carvalho, Clóvis Garcia e a esposa, o Ferri que já era diretor da ECA, Hugo Mattos que dava aulas de esgrima, Dorothy Leirner e Mylene Pacheco, que era vista como uma professora exigente, de muita técnica,

Cartão de formatura, do padrinho Sérgio Cardoso

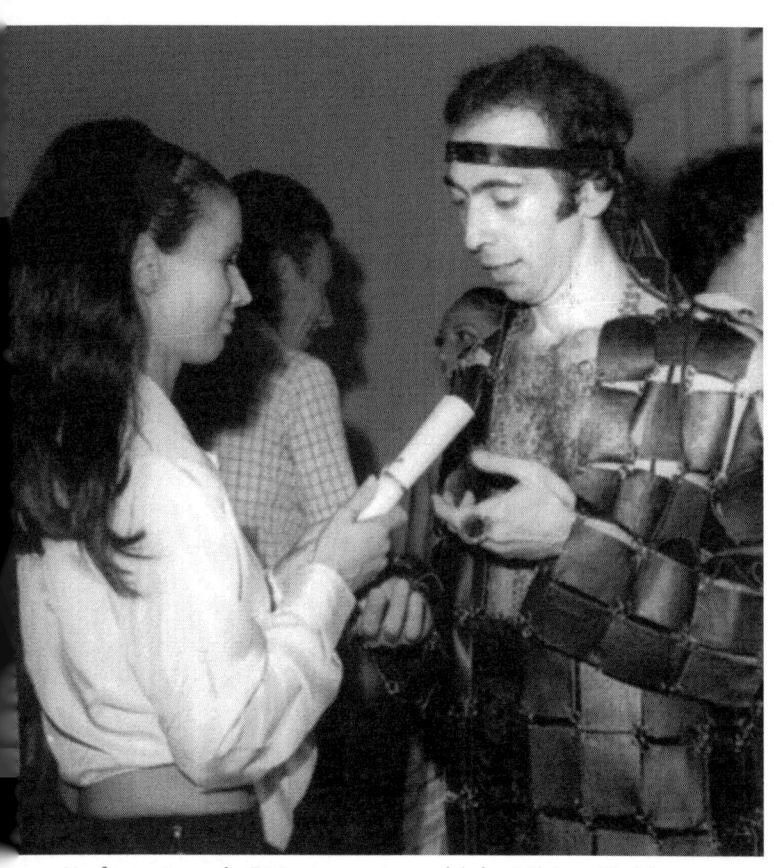

*Na formatura da EAD, com sua madrinha Miriam Mehler*

*Na formatura da EAD, com sua madrinha Miriam Mehler*

*Formandos de 1969 da EAD*

todo mundo saía da escola com essa neurose de Milene Pacheco, ela era terrível, mas fora das aulas não tinha nada a ver com esse modelo. Foi uma noite de confraternização muito gostosa.

Voltei à EAD, agora como ex-aluno, em 1970, quando recebi uma carta do Clóvis Garcia me convidando já como professor, como profissional, para dirigir um espetáculo com os alunos – *Terror e Miséria do III Reich*. Quem diria? Da ameaça de expulsão ao convite... A peça era, na verdade, um exame de avaliação dos alunos do 3º ano e por sugestão do Alberto Guzik, que foi meu assistente na produção do espetáculo, selecionei 24 pequenos textos do Brecht sobre a opressão nazista e trabalhei em 11 deles para que cada aluno pudesse mostrar seu talento – por exemplo, distribuí o papel da judia a várias alunas. Foi uma solução elogiada porque existia um bom papel para todos e os alunos puderam mostrar seus trabalhos.

*A obra de Brecht serviu para exame dos alunos do 2º ano. Paulo Hesse, que se formou em 69 na EAD, já havia revelado talento como encenador e conseguiu de jovens que pela primeira vez se apresentavam em público, uma liberdade de movimento e uma desinibição que nenhuma turma de 2º ano mostrou antes.*

**Sábato Magaldi, revista *Visão*, agosto de 1970**

*Na Escola de Arte Dramática (EAD), programa de Terror e Miséria do III Reich*

## Depoimento

## Amigo para Sempre

*Falar de uma pessoa que você ama como amigo e ator é muito mais fácil, porque podemos pôr o coração na ponta do texto e mandar ver.*

*Paulo Hesse é o irmão que eu não tive, ele faz parte da minha vida. Grande ator, bailarino e produtor. Fizemos juntos a Escola de Arte Dramática e ficamos amigos e cúmplices para sempre. Ele foi um dos meus primeiros diretores na escola de teatro. Me dirigiu nas peças* Entre Quatro Paredes, *de Jean-Paul Sartre, e* Balada de Manhattan, *de Léo Gibson Ribeiro. Nesta época, o Paulo era produtor da TV Globo São Paulo e sempre colocava todos nós para fazermos participações em novelas como* A Grande Mentira *e* A Cabana do Pai Tomás. *Éramos bem pagos e ele sempre generoso.*

*O Paulo tem uma grande qualidade que é o seu humor perante a vida. Um homem e um ator refinados. Recebe seus amigos em casa com muito carinho. Um amigo de todas as horas. Ficou ao lado em vários momentos difíceis como na época em que minha mãe ficou doente. Como um guerreiro, me dando força total. Tenho certeza que os deuses do teatro estão aplaudindo esse lançamento da Imprensa Oficial. Paulo Hesse é tudo de bom. É uma honra ser seu amigo e poder compartilhar o palco e a vida com essa figura exemplar.*

**Ney Latorraca**

## Depoimento

## Entusiasmo e Dedicação

*Vou escrever sobre Paulo Hesse, mas o som na televisão, do show de 50 anos de carreira de Roberto Carlos me dispersa, me distrai. Distrai? Vejo Roberto e lá me vem na memória... Quem? Paulo Hesse e seu Conjunto Lancaster Pop de danças modernas. Pop?! Era assim mesmo que a gente chamava? Faz tempo. Há exatos 43 anos nos conhecemos. Como calouros da EAD. A inesquecível EAD de Alfredo Mesquita. Não vou dizer: que incrível! Parece que foi ontem!, porque isso todo mundo sabe. O que talvez nem todos saibam é como o Paulo dançava bem! Não me lembro de tê-lo visto dançando em nenhum espetáculo de teatro, o que é uma pena. Mas, mais dos que as qualidades de dançarino do meu amigo, o que me impressionava, naquela época, era o cuidado, o entusiasmo, a dedicação, o profissionalismo com que ele se dedicava ao tal conjunto. Hoje não me impressiona a seriedade com que Paulo encara a profissão, porque os anos de convivência na Escola deixaram muito claro para mim qual seria o comportamento dele por toda a vida. Seria melhor dizer carreira? Ele sabe, já sabia quando entrou na EAD, que é preciso mais que talento. Daí a seriedade, o cuidado, a dedicação, o entusiasmo, o profissionalismo, a honestidade... Palavras. Palavras um pouco fora de moda, infelizmente, mas que me lembram e de certa forma pra mim definem, como diria Roberto...* o meu amigo Paulo Hesse!

**Jandira Martini** 109

## Depoimento

## Meu Tipo Inesquecível

*Era o ano de 1968. Ano cabalístico tão marcante na vida de todos nós. E não foi diferente para mim, recém-aprovada no exame da EAD. Lá conheci um rapaz magrinho e agitado que me convidou pra participar da montagem de A Muralha da China. Feliz e ansiosa, fui disposta a apresentar meu melhor desempenho. Ao fim de três horas, a leitura acabou sem que eu tivesse aberto a boca. Questionado, o rapaz magrinho e agitado disse que eu não teria nenhuma fala, que ficaria apenas figurando, abanando um dos personagens. Que mico!!! Assim conheci você, Paulo Hesse.*

*Porém, em 1969, em Manizales, arrasada por um acontecimento trágico em minha vida, recebi de você, de um modo carinhoso, o conforto de que tanto necessitava. O tempo passou, este afeto se firmou e perdura até hoje.*

*Fui então convivendo com suas contradições e nestes 40 anos você mudou muito pouco – continua magrinho, com menos cabelos, e os que sobraram estão branquinhos, branquinhos... E com estes cabelos branquinhos você é hoje meu amigo querido – não que seja uma flor de candura, ácido e duro em suas críticas – confesso que mereci todas. E quando perde na tranca?! Vixiii!!!!! Sai de baixo! Que gênio forte.*

*Por outro lado, admiro este seu jeito de não se submeter às determinações do destino. Você tomou a vida em suas mãos e a conduziu com sabedoria e sensibilidade na direção de seus sonhos. Por exemplo: partindo de um núcleo familiar pequenino, e através de seu pai, você encontrou pela vida a fora irmãs e sobrinhos, e foi driblando rivalidades e ciumeiras, juntando com fios seguros todas estas pessoas tão distantes da sua realidade. Conquistou assim uma família bem maior, feita, é verdade, de muitos retalhos. Mas que graças à sua sensibilidade ficou com acabamento perfeito.*

*Falando em família, não posso jamais me esquecer de Dona Antônia, sua mãe, esta mulher pequenina, que ficou na retaguarda, formando e garantindo uma estrutura equilibrada para o filhote. Mas ela pegava legal no seu pé. Um belo dia, em seu apartamento, você se irritou com isto e ela, lá da cozinha:* Olha lá, Paulo, que mãe, é uma só!!! *E você, irônico e engraçado:* Graças a Deus, se fossem duas ninguém aguentava!

*Foi assim, rindo, brincando, ironizando, que você foi levando a vida. Sempre exigente com as pessoas à sua volta, mas muito mais consigo mesmo.*

*Estou falando aqui não do ator Paulo Hesse, mas do amigo intransigente, implicante e genioso, a quem eu amo de paixão. Porque você tem caráter, você é íntegro, você é honesto e amigo fiel.*

*Enfim, Paulo é por estas e outras que você é e sempre será* meu tipo inesquecível.

**Edna Falchetti**

*Com equipe e elenco da novela* O Santo Mestiço, *na TV Globo: João, Pipoca, Toninho, Dante, Maria, Leonor e David Grimberg. Entre os atores, Sérgio Cardoso, Eloísa Mafalda, Rosamaria Murtinho, Ednei Giovenasi, Turíbio Ruiz e Clara Lee.*

# Capitulo V

## TV Globo: Antes e Depois

Em 67 ou 68, paralelamente à EAD, comecei a trabalhar na TV Globo aqui de São Paulo que até pouco tempo antes era a TV Paulista, do Victor Costa. Eu conhecia o David Grimberg desde os tempos do Conjunto Lancaster, ele tinha namorado uma das meninas, a Vera Acui, os dois se apaixonaram, casaram, e como nessa época ele dirigia novelas, fui conversar sobre a possibilidade de um trabalho. Como a TV Globo estava formando equipe, ele me perguntou se eu não queria fazer assistência de direção e de produção em uma novela que estava dirigindo. Nessa função, eu levantava toda a produção da novela, inclusive escalava os papéis eventuais que apareciam na história, figurantes, extras e papéis específicos. Eu adorava fazer isso e quando saía da televisão ia direto pra EAD.

Na Globo, ajudei a implantar a novela *A Grande Mentira* e conheci todo aquele elenco: Hélio Souto, Claudio Marzo, Myrian Pérsia, Eloísa Mafalda, Regina Macedo, que era mãe do Miéli, Ednei Giovenazzi, Neuza Amaral, que tinha uma mecha branca nos cabelos. Quando aparecia um papel de uma enfermeira, de um jornalista, um jornaleiro, enfim, um personagem eventual, eu levava os meus colegas da Escola de Arte Dramática, era um jeito daquela moça começar a botar a cara na televisão. Lembro de ter levado a Edna Falchetti, o Ney Latorraca, a Jandira Martini, a Esther Góes. Como eu não brincava em serviço e levava meu trabalho muito a sério, não vendia gato por lebre e já tinha demonstrado isso, gozava de uma certa confiança e prestígio entre autor, diretor e produtor.

Na novela *A Grande Mentira*, levei Analy Alvarez e Aníbal Guedes, que era marido da Sonia Guedes e já tinham se formado, pra fazerem um teste. Os dois gravaram cenas, era uma dupla engraçada que aparecia em alguns capítulos. Falei deles pra Hedy Maia, que escrevia a novela, garanti que eram bons, enfim, eu vendia pra Hedy os meus queridinhos. A Analy fazia par romântico com Ednei Giovenazzi e a química deu tão certo que o casal virou sucesso na estória. Ela gostou tanto que a dupla ficou até o fim da novela.

Outra vez, estavam precisando de um ator para fazer o papel de um delegado. Seriam apenas alguns capítulos, quase que uma participação, ainda que marcante dentro da história, e uma noite dou de cara com o Jonas Melo no restaurante Eduardo's, ali na Nestor Pestana. O Jonas é uma pessoa queridíssima, um cara maravilhoso, quero muito bem a ele, um cara que veio arrancando capim e que chegou aonde chegou. Ele tinha uma figura muito bonita, um vozeirão, estava em ascensão, mas nunca tinha feito televisão. Titubeou um pouco, não sabia se devia aceitar ou não, acabei fazendo a cabeça dele e ele foi. Logo que rodou as primeiras cenas, liguei pra Hedy correndo e disse: – *Você vai adorar o delegado que eu te arranjei. Repara no trabalho dele...* Porque assim que gravavam, a gente providenciava que ela visse as fitas para verificar se deveria continuar escrevendo para aquele ator ou ia abreviar a participação. Ela me ligou rapidinho: – *Paulinho, segura esse homem, segura esse ator que é maravilhoso, tenho planos para esse personagem.* Conclusão: o Jonas entrou para fazer uns cinco capítulos talvez e acabou fazendo a novela inteira. Já não era mais apenas o delegado, mas o Doutor Fulano de Tal. A Hedy ficou *"encantadérrima"*, entre aspas, com ele.

Em seguida, David Grimberg se afastou, acho que foi chamado a trabalhar no Rio, e quem veio de lá pra implantar a novela seguinte foi Fabio Sabbag, de quem continuei assistente. Tivemos um encontro muito feliz, me dei muito bem com ele, ficamos amigos, depois frequentei muito a casa do Sabbag no Rio, ele me convidava pra aniversário, pra *réveillon*.

A novela seguinte era *A Cabana do Pai Tomás*, a primeira grande produção em São Paulo, em 69, com o Sérgio Cardoso atuando em três papéis. Além de excelente ator, era um doce de pessoa. Foi exatamente nessa época que a Globo construiu mais um estúdio no último andar do prédio da Rua das Palmeiras. Nos dois estúdios do térreo gravavam o Chacrinha e o Silvio Santos e também novelas, mas como havia necessidade de espaços com maiores dimensões para *A Cabana do Pai Tomás* – as portas tinham que ser muito mais largas porque as mulheres usavam saias com muitas armações, chapéus altos, perucas – construíram no alto do prédio um grande estúdio onde fizeram os cenários todos da novela.

Na *Cabana do Pai Tomás*, o Sérgio Cardoso fazia três papéis: o do preto velho, o do galã, Dimitrius, e do Abraham Lincoln. Era uma mão de obra porque quando ele ia gravar o Pai Tomás, por exemplo, tinha aquela carapinha branca, uma maquiagem especial, era uma novela complicada. Como eu cursava a Escola de Arte Dramática, conhecia a trajetória no teatro do Sérgio Cardoso, do começo com a turma toda do Teatro Brasileiro de Comédia, da amizade dele com a Cacilda Becker, porque eles moravam no mesmo edifício da Avenida Paulista. Era um excelente ator, amigo, muito carinhoso com todos, nos dávamos muito bem. Ele me incentivava na EAD, tanto que quando me formei, o convidei para ser meu padrinho.

Enquanto eu continuava na escola à noite, durante o dia tinha muita atividade, trabalhava de 2ª a domingo, praticamente, pra adiantar o trabalho – eu era sozinho pra decupar todos os capítulos, fazer memorandos para a cenografia, solicitar o que ia precisar pra tal cena, tinha que fazer a relação de todos os figurinos que entravam, pedir que providenciassem a jarra, a sopa, a fruta, a bacia, a bengala, os óculos, etc. e tal pra na hora da gravação esses objetos estarem lá à disposição do ator. Além disso, tinha que escalar as pessoas, fazer folha de pagamento, pagar o pessoal, bater o contrato... Trabalhava muito, graças a Deus, não via a hora passar, adorava fazer tudo aquilo. Enfim, foi um período muito gostoso, muito ativo.

Em 1969, num domingo à tarde, eu estava na minha sala batendo uns memorandos – minha sala ficava em um mezanino que avançava dentro do estúdio e tinha uma parede de vidro de onde eu via as gravações – o *Programa do Chacrinha* rolando embaixo, banda tocando, aquela gentarada, plateia lotada. Quando *o show* acabou, aquele silêncio, eu trabalhando quando começo a ouvir um barulho do tipo *clec, clec, clec*. Achei que era alguém fazendo gracinha: *Quem está aí? Apresente-se a entidade.* O barulho sumia e voltava, eu sem saber de onde vinha, paro ou não paro, até que vi uma fumaça entrando pelas frestazinhas daquela armação toda. Subi correndo e como a direção comercial ficava na parte da frente do prédio, percorri aqueles labirintos todos sem ver ninguém até que, por sorte, encontrei o Luiz Guimarães que era o diretor comercial – o Geraldo Casé, pai da Regina, era o diretor artístico. Contei o que estava acontecendo, ele levantou dali, descemos os dois, pega um corredor pra cá, e mais um corredor pra lá, e desce uns degraus e quando chegamos à minha sala ela estava coberta de fumaça.

Tentei entrar para pegar minhas coisas, um chaveiro que eu tinha ganhado do Ednei Giovenazzi e que gostava muito com as chaves da televisão, acho que um agasalho, uma bolsa, mas o Luiz Guimarães não deixou: – *Não, não, vamos sair daqui, corre, corre socorro, socorro!* Voltamos correndo, ele deu o sinal de alerta, chamou os bombeiros, as pessoas que estavam por lá saíram do prédio apavoradas, nós também, ficamos todos chorando do lado de fora vendo as labaredas destruindo estupidamente tudo aquilo, inclusive os cenários e figurinos da *Cabana do Pai Tomás* que desapareceram em poucas horas.

A impressão que eu tenho é que quando acabou o *Programa do Chacrinha*, alguém que estava no estúdio jogou um cigarro no chão, sabe-se lá, ou houve um curto-circuito, suspeitou-se até que podia ter sido um fogo criminoso...

No dia seguinte, houve uma reunião com a produção – tivemos que ocupar um cantinho da Rádio Excelsior que ficava na Rua das Palmeiras mesmo – e o Boni comunicou que a partir do dia seguinte nós tínhamos que continuar as gravações da *Cabana do Pai Tomás* no Rio, mesmo precariamente, para que a novela não saísse do ar. O Sabbag então foi pro Rio e eu ficava uma semana em São Paulo pra ver passagens, atender o elenco, e outra no Rio pra acompanhar os trabalhos. Aí mexeram no roteiro, tiveram que simplificar as cenas externas porque era uma novela de época, adaptaram cenários antigos pra poder gravar, usaram figurinos já existentes. Enfim, foi com muita luta e muito sacrifício que demos sequência à novela até que a Globo do Rio pudesse reconstruir cenários e cuidar de figurinos. Quando chegou dezembro, final de 1969, o Boni chamou os que estavam em São Paulo e convidou a todos que tivessem interesse – equipe de maquiagem, cabelo, cenografia – a se transferir para o Rio com novos contratos.

Eu, como estava me formando na EAD, abri mão dessa possibilidade porque não tinha interesse em mudar para o Rio como assistente de produção ou direção, já que queria trabalhar como ator mesmo. Ele me pediu então que eu repassasse todas as tarefas que exercia em São Paulo para a Guta, Maria Augusta Matos, que cuidaria da produção no Rio. Fiquei uma semana com ela aqui em São Paulo – a Guta era uma queridinha, nos demos muito bem naquele curto espaço de tempo – eles deram baixa na minha carteira profissional e a partir de janeiro de 70, todos se transferiram para o Rio.

Voltei à TV Globo muitos anos depois, por volta de 1979, aí já como ator, quando decidi dar um novo rumo à minha carreira. A TV Tupi estava meio que à deriva, ficou difícil trabalhar lá, brigávamos justamente para conseguir a regulamentação da profissão do ator, para normatizar um pouco o trabalho do ator, as jornadas, os horários, os pagamentos, enfim, eu estava meio insatisfeito com essas coisas todas e resolvi me mandar para o Rio.

Fabio Sabbag, de quem eu tinha continuado amigo, me hospedou. Na ocasião, como ele estava dirigindo os seriados *Malú Mulher*, *Carga Pesada* e *Plantão de Polícia*, pedi que na qualidade de diretor de núcleo ele me desse uma chance de entrar na emissora. O Sabbag tinha lá suas regras, sugeriu que eu desse tempo ao tempo e nada acontecia. Ele gostava muito da minha companhia, a gente se dava muito bem, nos conhecíamos há mais de dez anos, era uma coisa de amigo mesmo mas se o amigo não quer te ajudar...

Procurei então o Marcos Paulo, que dirigia a série *Plantão de Polícia*, que me acenou com uma oportunidade, um papel em um episódio. Lá fui eu fazer uma externa na Praça Tiradentes e ficaram em suspenso duas cenas de estúdio que seriam gravadas depois. Nessa mesma semana, no entanto, recebi uma ligação do Walter Avancini que tinha ido para a TV Tupi e estava implantando uma novela, *As Gaivotas,* do Jorge Andrade. Opa, Avancini era um outro papo, e no elenco estavam nomes de peso como Yoná Magalhães, Rubens de Falco, Altair Lima, Laura Cardoso, Márcia Real, Isabel Ribeiro, Cleyde Yáconis, Berta Zemel, aquela maravilha de atriz, o Edson Celulari estreando e fazendo o galãzinho da novela, era um elenco maravilhoso e eu seria uma das gaivotas, vejam só.

Adorei o chamado do Avancini mas ainda disse a ele que estava com um pé na Globo, coisa e tal, fiquei tão dividido, disse que eu ia pensar... De um lado, entrar na Globo e de outro, atuar

*Novela* Gaivotas, *TV Tupi*

*Novela* Gaivotas, *TV Tupi*

*Novela* Gaivotas, *TV Tupi – O elenco*

em uma novela do Jorge de Andrade. Então, enfrentei a ira do Sabbag: – *Você é um imbecil, se quer entrar na Globo tem que investir na Globo, tem que enfiar teu pé na Globo, você no primeiro convite quer voltar prá lá* – e aceitei o convite do Avancini porque eu tinha contas pra pagar e estava recebendo um convite para fazer um bom papel, em uma boa história, com um bom salário. Enfim, voltei pra São Paulo, fechei o salário com Avancini e pedi a ele que me dispensasse para que eu pudesse finalizar as gravações com Marcos Paulo na Globo que estavam pendentes. Avancini me dispensou sem problemas, viajei para o Rio especialmente para isso e bem no dia em que devia gravar, houve um problema qualquer e a gravação foi cancelada. Ficou então um rabicho: – *Olha, Paulo, acho que só na semana que vem a gente faz a sua parte de estúdio, mas você também tem mais uma externa para fazer, amanhã fazemos essa externa.* Chovia muito naqueles dias, naquela época a Globo também tinha suas limitações, e aconteceu de a equipe com quem eu ia gravar ficar presa em outra cidade por causa de queda de barreiras. Eu todo arrumado, pronto, e a minha parte ia sendo adiada, um dia por causa de um problema, outro por causa de outro, até que procurei pelo Marcos Paulo, me desculpei e sugeri que ele refizesse as minhas primeiras cenas com outro ator, que ficaria mais fácil, e me liberasse. Ele foi muito delicado, se desculpou, e eu voltei pra São Paulo.

Às vezes eu erro, posso ter cometido muitos erros. Em outros casos, posso ter sido mal interpretado, quando o que me movia era justamente a falta de segurança, eu não tinha segurança de tudo aquilo que fazia. É aquela história: você vai descobrindo a vida conforme vai vivendo e dependendo da orientação que tem ou que te dão, vai se tornando mais seguro e mais ciente de como agir ou como tratar alguns assuntos. Por um lado, não vou renegar a vida que eu tive e ainda bem que eu estava aqui vivo para vivê-la até agora. Tenho que admitir que faltaram degraus na minha formação e quando eu me deparava num grupo ou numa situação, ou numa questão que eu tinha que lidar, com pessoas melhor equipadas, tinha que enfrentar, não poderia recuar. Porque na vida você vai encontrando coisas novas que tem que ir assimilando, deglutindo.

Voltei a colocar os pés na Globo em outras belas oportunidades. Na primeira, em 86, chamado pelo Walter Avancini, que me ligou dizendo que eu estava escalado para fazer o Isaac no *remake* da novela *Selva de Pedra*, e devia viajar para o Rio correndo para acertar minha contratação.

Eu me dava muito bem com ele, Avancini era muito leal com as pessoas, quando gostava de alguém, gostava; quando reconhecia o valor das pessoas, cacifava. E sabia quais eram as reais possibilidades de um ator, eventualmente suas limitações, não expunha ninguém. Fiz ao todo sete trabalhos com Avancini, entre novelas, séries e minisséries, e só não fiz mais porque ele morreu antes da hora.

*Selva de Pedra* tinha direção do Denis Carvalho, outro paulista que eu conheci na época da Tupi, ainda bem jovem, ele o Tony Ramos começaram carreira como galãs na Tupi, foram para o Rio como atores e o Denis acabou entrando para a direção, tem uma bela carreira na Globo como diretor. Além disso, a novela tinha um elenco delicioso. Fernandinha Torres estava começando carreira no papel que tinha sido da Regina Duarte na 1ª versão e foi o primeiro grande e bom trabalho do Miguel Falabella. Artur da Távola, critico respeitado do jornal *O Globo*, acabei conquistando com meu trabalho e quisera ter estado mais com ele antes de sua morte para agradecer as delicadezas que teve para comigo. Fiquei admirado quando ele publicou na integra, no jornal *O Globo*, uma entrevista que eu tinha dado à revista *Palco e Plateia* logo depois de ter estreado em teatro, destacando que eu

**REVISTA MENSAL DE TEATRO Nº 10/11–Cr$ 2,50**

## O TEATRO ESTÁ MORTO!
•
## O TESTE DA CAMA!

## PEER GYNT É O SUCESSO!
•
## A PASSAGEM DO CASTRO!

*Capa da revista Palco e Platéia*

Entrevista com Paulo Hesse

ABAIXO O TESTE DA CAMA!

*Entrevista para Palco e Platéia*

*definia com simplicidade extrema a postura do ator frente ao teatro e à televisão.*

*A dupla Isaac (Paulo Hesse) e Abud (Sérgio Roberto) é uma revelação e pode ser muito mais explorada para render momentos alegres à história.*

*Destaque especialíssimo para Miguel Falabella e dois coadjuvantes sensacionais, Paulo Hesse, como Isaac, e outro residente da pensão.*

**Artur da Távola, *O Globo*, agosto de 1986**

É importante destacar que foi graças ao talento do Walter Avancini que a TV Globo ganhou muitos prêmios lá fora, as produções de teledramaturgia brasileira que ele dirigia e que eram apresentadas no Exterior, naquelas mostras, naqueles leilões, resultaram em vendas para a Globo.

Tive o prazer de trabalhar com Avancini também na minissérie *Anarquistas Graças a Deus*, uma adaptação do romance autobiográfico da Zélia Gattai, em 82. Ele tinha voltado para a Globo para implantar em São Paulo um núcleo de produção que, lamentavelmente, não deu certo, porque o campo de trabalho para nós atores teria sido ótimo. Foi nessa ocasião que

*Na minissérie* Anarquistas Graças a Deus, *com Ney Latorraca e Débora Duarte, na TV Globo*

surgiu a ideia do Projac, no Rio, que hoje é um dos maiores centros de produção de teledramaturgia do mundo.

Em *Anarquistas Graças a Deus*, Ney Latorraca foi chamado para fazer o Gattai, pai da Zélia, e eu fazia um amigo chegado dele, Amadeu Strambi, uma figura real, os dois foram amigos a vida toda. Foi um trabalho muito gostoso que inicialmente teria uns vinte e poucos capítulos, foram três ou quatro meses de trabalho. Lamentavelmente, quando o programa foi para o ar, Daniel Filho e a produção lá no Rio acharam que era nescessário fazer cortes e reduziram os capítulos para apenas nove, se não me engano, concentrando a história muito mais sobre a personagem da Zélia Gattai. Foi uma pena porque deixaram de fora muita coisa boa que nós gravamos, por exemplo, o primeiro *rally* de automóveis, Gattai e Amadeu descendo a serra de Santos naqueles carros antigos. Tinham sido cenas muito exaustivas que resultaram em imagens maravilhosas que, infelizmente, acabaram saindo da história.

Tive a honra também de fazer na TV Globo, *Rabo de Saia*, em que meu personagem era o Sólon, o antagonista do Quequé do Ney Latorraca, meu ex-colega de Escola de Arte Dramática. Tinha um elenco maravilhoso: Dina Sfat, Tássia Camargo, Lucinha Lins. Além disso, o ambiente era ótimo porque o rigor, a disciplina que Avancini impunha ao elenco e à equipe era em prol de uma qualidade de trabalho que ele buscava sem cessar.

*Gostaria também de destacar Paulo Hesse fazendo um Sólon divertidíssimo, é um ator de grande qualidade.*

**Arthur da Távola, O Globo, novembro de 1984**

Mais recentemente, em 2000, fui chamado pela Globo para o elenco de *O Cravo e a Rosa*, do Walcyr Carrasco, sob a direção do Walter Avancini, que tinha saído da TV Manchete, e do Mario Márcio. Meu personagem, o delegado Sansão, ia aparecer somente em três capítulos, umas dez cenas no total, e como meu trabalho ia durar apenas uma semana, topei. Voltei para casa e depois de um mês, o Avancini me diz: – *Paulo, seu personagem volta. Você está preso em algum compromisso?* Acabei fazendo a novela toda.

O engraçado é que *O Cravo e a Rosa* vem a ser um *remake* da novela *O Machão*, que tinha feito em 74. E em *O Machão*, eu também entrei para fazer apenas três capítulos e fui até o final.

Depois disso em televisão fiz apenas participações em algumas novelas, alguns capítulos em

*Novela* O Machão, *TV Tupi*

*Paraíso tropical* na TV Globo e em *Água na Boca*, na TV Bandeirantes.

Em 2004 um Especial na TV Cultura dentro do Projeto *Senta que lá Vem Comédia,* criado pelo Núcleo de Dramaturgia da incansável Analy Alvarez. Aliás aproveito para dizer que Analy e eu nos acompanhamos desde a Escola de Arte Dramática e participei a convite dela de vários Mapas Culturais no período em que ela e Marcos Mendonça tiveram uma expressiva atuação dentro da Secretaria de Cultura Estadual.

# Capítulo VI

## Acendem-se os Refletores

Assim que me formei, em dezembro de 69, recebi uma cartinha amável do Roberto Vignati me chamando para fazer um papel numa peça que ele estava pretendendo estrear breve: *Pena que ela Seja uma P*, do John Ford. Vignati assistia aos espetáculos da EAD, queria acompanhar a *performance* dos alunos, devia ter me visto atuando e me ofereceu um ótimo papel, que marcou minha reestreia.

Já como profissional formado por uma escola e significou meu segundo presente de formatura, o primeiro foi o de Sergio Cardoso.

Meu personagem era o Vasquez, um cara meio víbora, manipulador, que engendrava várias situações. Era uma espécie de *Iago* da história de amor mal resolvida entre dois irmãos incestuosos e que acabava em tragédia, o rapaz arranca o coração da moça, muito estranho. Estavam no elenco Ana Maria Barreto, que tinha se formado na minha turma, fazendo a menina Anabela, e um querido chamado Marcelo Picchi, com 20 aninhos, estreando profissionalmente em São Paulo, Beatriz Tragtenberg, Tilde Franceschi e Antonio Petrin também estavam no elenco, e um coro de quatro casais. Começamos a ensaiar em janeiro e estreamos em fevereiro no Teatro São Pedro. Infelizmente, ficamos pouco tempo em cartaz, alguns meses apenas, mas foi com essa peça que ganhei meu primeiro prêmio: o de revelação de ator da Associação Paulista de Críticos Teatrais – 1970.

Vignati era uma pessoa extremamente cuidadosa na direção, rigoroso com o trabalho dele. – *Eu sou capaz de fazer todos os papéis da peça, por que é que os atores não fazem?* Ele dizia isso porque achava que o ator nunca chegava ao ponto que ele queria; por mais que ensaiasse, por mais que fosse orientado, o ator ficava sempre devendo, o Vignati sempre insatisfeito, odiava os atores. Alguns anos depois, estávamos em um restaurante quando ele voltou a esse assunto e começou a fazer um desabafo de que o ator é indisciplinado, que o ator não consegue assimilar, que o ator não consegue alcançar aquele resultado. Eu aí retruquei: – *Vignati, você é um excelente diretor, mas deve ter uma frustração muito grande de nunca ter atuado, porque está sempre insatisfeito com o trabalho do ator. Você sufocou seu talento maravilhoso, então, deveria abandonar a carreira de diretor e investir na de ator...* Pude falar isso porque ele era meu amigo, fomos amigos próximos, tenho enorme carinho por ele, trabalhamos juntos outras vezes, inclusive em *Check Up*, quando ele fez assistência de direção para o Antunes Filho.

Nesse mesmo ano, recebi um convite para fazer *Fim de Jogo*, um texto do Beckett, inauguramos com essa peça um teatro chamado Alberto D'Aversa ali perto do Largo Santa Ifigênia. Alberto D'Aversa tinha sido um grande nome, atuou no Teatro Brasileiro de Comédia, dava aulas de teatro, era crítico, tinha morrido recentemente. Eu contracenava com a minha ex-professora da EAD, Mylene Pacheco, e quem fazia a direção era o Oswaldo Mendes, que foi muito feliz na concepção do espetáculo.

139

A história girava em torno de um casal de velhos – o homem era o Osmar Di Pieri – cada um ficava dentro de um latão com uma tampa. Tinha também o Alexandre Dresler, ex-aluno da Escola de Arte Dramática, fazendo o Ham, cego e aleijado. Eu fazia o único personagem que se movimentava em cena, o Clóv, que levantava as tampas e alimentava o casal. O Beckett mostrava mesmo os restos humanos confinados naquele ambiente.

Uma ocasião, a Comissão Estadual de Teatro, que chegou a ser presidida pela Cacilda Becker, comprou uma série de espetáculos, eram tantas

*Peça* Check Up

apresentações, tal dia e tal hora. Acontece que um pouco antes de um desses espetáculos, ao montar o cenário, o Osmar Di Pieri sofreu um acidente, caiu de uma altura considerável e teve que ser levado correndo para o pronto-socorro. Ficamos num impasse, sem saber se devíamos apresentar o espetáculo ou não. Oswaldo Mendes achou que não podíamos cancelar e como o Osmar ficava dentro do latão, resolvemos que eu levantava a tampa da Mylene e falava com ela e quando levantava a tampa do Osmar, a Milene impostava a voz para fazer uma voz grossa imitando a fala do Osmar, ela fazia isso muito bem, tinha muita técnica. Eu então contracenava com um e outro e fazíamos o diálogo assim mesmo.

Eu manipulava uma escada em cena que abria e fechava, às vezes colocava na cabeça pra carregar e quando girava o corpo, o Ham tinha que se abaixar para não levar um tranco. Nessas horas eu perguntava: *Ué, você não é cego?...* Nós dois tínhamos cenas legais, havia um momento em que eu chacoalhava a cadeira dele e o jogava no chão, ele não tinha como se levantar porque fazia um aleijado, e gritava: *Clóv, me coloca na cadeira...* Às vezes eu, de brincadeira, dizia: *Não, faça você mesmo um esforço e vá pra sua cadeira...* Eram cenas bem engraçadas.

Depois dessa peça, recebi um convite do Fauzi Arap para integrar o elenco de *Macbeth*, ao lado da Tônia Carrero e do Paulo Autram. Fui de braços abertos porque eles eram meus ídolos e meu personagem era o do nobre Ross. O elenco original dessa peça do Shakespeare era muito grande e o Fauzi Arap reduziu, tanto que dobrávamos alguns papéis. Ensaiamos aqui em São Paulo e estreamos no Rio, no Teatro Maison de France. A reação do público foi meio acachapante, porque a direção do Fauzi era arrojada, ele não fez uma montagem dentro dos parâmetros convencionais de uma obra clássica. Mesmo porque nós estávamos ainda sob o Regime Militar e ele quis dar uma cor política ao espetáculo. Por essa razão, e como havia censura ao texto e às encenações, nossas cenas dramáticas eram controladas para que ninguém substituísse palavras do texto ou inserisse símbolos.

Lamentavelmente, foi a primeira e única vez que contracenei com o Paulo Autran em teatro – na televisão chegamos a interpretar uma cena maravilhosa algum tempo depois – e ele foi de uma generosidade, um companheirão, foi maravilhoso o trabalho com ele. Era um belíssimo ator, excelente profissional, uma pessoa altamente carinhosa com elenco, protetor, e a temporada que fizemos foi excelente. Algumas cenas do

Paulo eu fazia questão de ver e rever. Ficamos dois meses no Rio e quando terminou a temporada, viemos para São Paulo e reestreamos o espetáculo no TBC. Como a Tônia Carrero tinha assumido um compromisso, se não me engano com novela, foi substituída, a convite do Paulo Autran, por uma atriz que estava voltando de Londres depois de uma longa temporada fora do país, Madalena Nicol. Paulo Autran e ela tinham sido colegas.

Tive então o privilégio de trabalhar com as duas grandes atrizes. Pela Tônia eu sempre tive um encantamento, descobri a Tônia quando era garoto, assistindo *Tico-Tico no Fubá*, um filme que ela fez com o Anselmo Duarte. Ela sempre foi uma mulher linda, impossível ficar indiferente à Tônia sem notar sua sensibilidade e seu *sex appeal*.

143

Foi maravilhoso contracenar com ela e um texto que nunca me saiu da cabeça é o da sedução da Lady Macbeth. Todas as noites eu corria pra coxia e ficava vendo essa cena quando Macbeth voltava da batalha. Era muito bom o trabalho dela nessa cena que eu, que normalmente não decoro os papéis dos outros colegas, decorei as falas todas. Macbeth chegava da batalha e ela o cercava. Ele ficava perplexo com aquela investida e exatamente aí começava o jogo de fazer a cabeça dele tramando a morte do Rei Duncan.

*Com Paulo Autran*

*Com Tônia Carrero*

*Lady Macbeth* – *Eu vos saúdo grande Glamis, eu vos saúdo magnifico Cawdor e maior que os dois, saúdo o que ainda serás!*

*Macbeth Querida, o rei vem para cá esta noite.*

*Lady Macbeth* – *E quando parte?*

*Macbeth* – *Amanhã, é o que ele pretende.*

*Lady MacBeth* – *Então que jamais o sol veja amanhã.*

**(Ele tem uma reação)**

*Lady Macbeth* – *Tua face meu senhor é um livro onde os homens podem ler estranhas coisas... Para iludi-los tens que agir como eles. Põe hospitalidade em tua mão, em tua boca, em tua língua! É preciso ser a flor inocente e ao mesmo tempo a serpente que nela se oculta...*

Quando Madalena Nicol assumiu o papel, procurei descobrir nela alguma coisa que me encantasse também em determinado momento. O trabalho dela era impecável, mas sua interpretação era mais clássica, mais pesada, mais recitada, enfim, ela não tinha nem o charme nem o *glamour* de Tônia, não era uma mulher tão bonita como a Tônia, mas uma grande atriz.

Há uns dois ou três anos, estive com a Tônia novamente, em Dourados, MS, em um festival de teatro de monólogos só da América Latina. Fui como jurado e Tônia havia sido convidada a fechar com chave de ouro o festival com um solo chamado *Amigos para Sempre* em que conta sua relação com poetas e escritores contemporâneos seus como Rubem Braga e Vinícius de Moraes. É um espetáculo lindo que representa um resgate do amor entre eles. Estivemos juntos por uma semana e foi um reencontro delicioso porque ela continuava exuberante, linda, no apogeu de seus 80 anos.

Se me perguntassem como é contracenar com dois atores com características diversas num mesmo papel, como foi o caso de Tônia Carrero e Madalena Nicol, duas atrizes de escolas diferentes, eu diria que você constrói um personagem de acordo com os dados que o texto traz, ele tem que ter uma história. Um ator contracena com uma determinada pessoa e quando ela é substituída, ele vai automaticamente captar alguma coisa nova que antes não tinha sido experimentada. É como num casamento em que um homem se separa e entra em uma segunda relação. Ele continua a mesma pessoa, deve ter aprendido com a primeira mulher uma coisa e outra que pode ou não manter com a segunda. No desenrolar da vida a gente vai crescendo, aprendendo, morre aprendendo, porque nunca fica pronto, tudo está sempre em mutação, você vai se transformando a cada dia, a cada etapa, a cada circunstância.

*Macbeth* estreou no Rio, fez uma temporada em São Paulo e depois viajou para o Sul: fomos a Porto Alegre, Caxias do Sul, Santa Maria. O Paulo já conhecia o caminho das pedras, aliás, como toda essa geração, desde Procópio Ferreira e Bibi que viajavam muito, ainda que em outras circunstâncias e com outros recursos. Foi nessa ocasião que o Paulo me convocou para substituir o Lineu Dias no papel do rei, já que ele não podia viajar. Tentei argumentar que aos 30 anos eu não tinha idade para fazer um rei que devia ter uns 50, 60 anos, eu não tinha peso para fazer esse papel com mais força dramática, com mais responsabilidade, mas Paulo tanto insistiu que acabei aceitando e me saí bem. Paulo era muito brincalhão, tinha um humor invejável, graças a Deus, e como era muito seguro de si, se permitia brincar, isso criava uma descontração no elenco, tirava aquela distância do grande ator para os demais, ele tinha essa qualidade entre tantas outras. Na minha primeira apresentação como rei, não existia a minha foto no cartaz da peça. Eu, muito atrevido, colei improvisadamente uma fotografia no cartaz do saguão do teatro. Paulo viu aquilo quando entrou, achei que ia me dar a maior bronca, arrancar a foto, mas ele escreveu atrás da foto: *Xará, obrigado pela sua inestimável contribuição ao nosso cartaz da entrada do teatro...*

Na hora em que fui me maquiar para estrear como rei, Paulo resolveu, ele mesmo, fazer a minha maquiagem. Levou-me para o camarim, e fez montes de rugas na minha cara, passou um creme branco, Nugget, que se usava para pintar sapatos na minha cabeça, enfim, me deixou com uma cara hedionda, fez da minha cara um verdadeiro mapa do inferno e eu sem poder falar nada, ele achava que estava perfeito e eu concordava. Provavelmente, da plateia ninguém notava aqueles rabiscos, mas o elenco bem que achou estranha aquela caracterização e riram muito com isso.

Quando você vai substituir um ator, o tempo de ensaio de que dispõe, obviamente, é muito menor. Aquela pesquisa que o primeiro fez para construir aquele personagem você não vai poder fazer, então, temos que pensar: vou entrar com meu corpo, minha alma e o meu entendimento sobre aquilo. É claro que vou ser um elemento novo dentro de um resultado já cristalizado, todos terão que assimilar a substituição. Sempre me abro para o outro porque, de repente, posso até melhorar o que vinha fazendo. Via de regra existe aquele que não admite uma inovação na interpretação porque tem dificuldade de se adaptar a uma coisa nova, fica inseguro. Essas pessoas perdem a chance de se abrir para receber os subsídios que o outro pode trazer.

Em 2006, Paulo Autran me chamou para fazer com ele *O Avarento*, do Molière – aliás, foi o último espetáculo dele. Não chegamos a um acordo comercial, por assim dizer, e declinei do convite. Lamentei. *Porra, você poderia ter feito o canto do cisne do Paulo Autran*. Mas eu não podia imaginar que ele ia morrer, tanto que nós nos encontramos quando ele começou a peça e me disse: *Pô, xará, era para você ter feito a peça comigo, você deu uma mancada, você teria se divertido tanto*. Eu ainda respondi: *Faremos outras coisas, Paulo, vou ficar atento para não recusar o próximo convite*. Lamentavelmente, não houve um outro convite nem haverá.

## Depoimento

### A Inteligência Cênica de um Ator Intuitivo

*Quando Paulo Hesse me pediu um depoimento para este livro, claro, aceitei de pronto. Depois, passaram-se os dias e nada de o texto sair. Com* o *hábito de organizar mentalmente o que dizer antes de me entregar à tela em branco, as ideias vinham e eram descartadas. Não podia permitir que a emoção da amizade turvasse a linha racional do testemunho. Vivia a aflição companheira da escrita. Por onde começar? A pergunta ficou martelando dias e dias. Até que veio a sugestão óbvia e prosaica que o non sense, marca do humor irônico de Paulo, por certo me faria. Comece pelo começo. Então, que seja. E o começo embora distante no tempo, nunca esteve tão próximo. Por uma razão simples, Paulo Hesse é um amigo sempre presente, mesmo quando ausente por força dos caminhos que as nossas vidas profissionais tomaram desde que nos conhecemos na velha Escola de Arte Dramática, aquela do Doutor Alfredo Mesquita, ainda no Liceu de Artes e Ofícios, hoje nobre endereço da Pinacoteca na Avenida Tiradentes. Naqueles sombrios e empoeirados corredores, muitos rostos e lembranças se perderam, desde 1969. Eu, calouro. Paulo, já terminando o curso. A voz grave não inibia um jeito moleque, travesso, sempre pronto para uma ironia, ácida às vezes, maldosa jamais. Entretanto, não foi o seu talento de ator que primeiro chamou a atenção. Antes foi o carinho e a mão amiga que estendia aos que chegavam à EAD, cheios de sonhos e apreensões, e que ele chamou para integrar o numeroso elenco de* Balada de Manhattan, *bela peça de Léo Gilson Ribeiro. Assim, pela primeira e única vez fiz parte de uma tribo de* hippies *americanos sob a direção de Paulo Hesse.*

*O espetáculo, realizado no pátio interno da Escola, deu o que falar. Todas as vanguardas da época foram visitadas e Paulo se revelava para mim um diretor de talento, pois ainda não o conhecia como ator. Tanto que a nossa turma não pensou duas vezes para convidá-lo a dirigir* Terror e Miséria do III Reich, *de Brecht, encenado no mesmo pátio, no ano seguinte. Aquele seria o último espetáculo na velha EAD, que no segundo semestre de 1970 se transferiu em definitivo para a Cidade Universitária. Fechava-se, assim, um ciclo e no balanço de perdas e ganhos ficaria para trás a proximidade caseira, quase familiar, da Escola com o Teatro. Agora havia uma distância física, quilométrica, a separar a EAD da Broadway Bexiga com seus teatros e pontos de encontro. As noitadas que se seguiam às aulas, nos bares e restaurantes, desapareceriam aos poucos. Essa é outra história e só toco no assunto porque, parece, a relação amistosa, fraterna, entre calouros e formandos ou formados se transformou em outra coisa que não sei bem qual seja. Talvez, fossem já outros os tempos, eu não estaria aqui falando da amizade de Paulo Hesse. Porque ela não teria sido possível.*

O Paulo ator, eu dizia, conheci depois de admirá-lo como diretor. Foi quando Osmar Di Pieri, Alexandre Dressler, Jorge Cerruti, Plínio Rigon, Milene Pacheco, nossa professora de voz e amiga, e eu decidimos encenar Fim de Jogo (Fin de Partie) de Beckett, no segundo semestre de 1970. Convidamos Paulo Hesse para o elenco quando os ensaios já estavam adiantados. Era a minha primeira direção, vamos dizer assim, profissional, por isso temia que ele não aceitasse. Foi, então, que descobri em Paulo um ator de raríssima intuição e inteligência cênica. Ele não só assumiu o tom chapliniano (hoje se diria clownesco) da encenação, como lhe acrescentou uma dimensão trágica, caminhando no fio tênue do riso e da dor. O que aconteceu depois é história, história em que Paulo Hesse se provou um raro ator intuitivo, que não elabora racionalmente o trabalho antes de executá-lo. Paulo faz o caminho inverso, o que não é fácil, porque implica em saltar sem rede, em arriscar-se, em expor as emoções sem a censura do pensamento que surgirá apenas depois, para consolidar o resultado de uma generosa entrega. Essa é uma lição do ator Paulo Hesse que ainda me restar aprender. Por isso, e pela nossa amizade, sou grato aos deuses do teatro.

153

**Oswaldo Mendes**

*Tchin Tchin*

## Capítulo VII

## Aprendizado com Mestres

Sempre trabalhei com muito prazer porque cada peça era sempre uma coisa nova, uma descoberta, um acréscimo no meu conhecimento. A cada etapa eu ia conhecendo um dramaturgo, afinal, a EAD tinha me dado um horizonte, porque era impossível conhecer toda a dramaturgia clássica ou contemporânea em tão pouco tempo. Você sai da escola equipado mas, no meu caso, cada novo papel era sempre um desafio, eu nunca tinha certeza absoluta de que caminho tomar. Tenho a impressão de que devo ser muito intuitivo, vou pela intuição, pelo faro, e o que o diretor me dá, eu recebo e degluto. Ou questiono.

Em 1970, trabalhei tanto que quando terminou a temporada de *Macbeth*, caí de cama com hepatite em estado avançado, corria o risco até de entrar em coma por causa da doença. Fiquei um mês internado, passei o Natal hospitalizado, inclusive, e quando me deram alta, no início de janeiro, tive a alegria de ser convidado pelo Antunes Filho para atuar em *Peer Gynt*, do Ibsen, numa temporada que se estendeu por todo o ano de 1971. Foi a melhor coisa que podia ter me acontecido e justamente na hora que tinha que acontecer – depois de eu ter cursado a Escola de Arte Dramática, funcionou como uma pós-graduação, considero o Antunes um dos maiores diretores do teatro brasileiro.

*Peer Gynt* era um texto denso, muito bem articulado, uma saga, com 117 personagens distribuídos entre 17 atores, o que exigia que todos se desdobrassem em muitos papéis, às vezes até nove. Stênio Garcia interpretava o Peer Gynt e no elenco estavam Ariclê Peres, Jonas Bloch, Analy Alvarez, Izadora de Faria, Ewerton de Castro, Clarice Piovesan, Roberto Frota e Ivete Bonfá, entre outros. Peer Gynt é o mito do herói.

Antunes Filho é um gênio, uma pessoa além da média, tem uma disciplina, um conhecimento, uma busca permanente, uma jovialidade para trabalhar apesar dos seus atuais 80 anos. Relaciona-se muito bem com o novo, com o jovem, tanto que mantém seu curso há anos, é um estudioso, um cientista do teatro. Futuramente, vão escrever livros sobre Antunes e ele com certeza será homenageado com uma estátua em alguma praça ou teatro, porque é realmente um monumento do teatro brasileiro. E é uma pessoa estranhíssima, é claro, não podia ser diferente, principalmente sob o ponto de vista de um principiante que chega para fazer uma coisa e se deslumbra. Porque com ele você se verticaliza

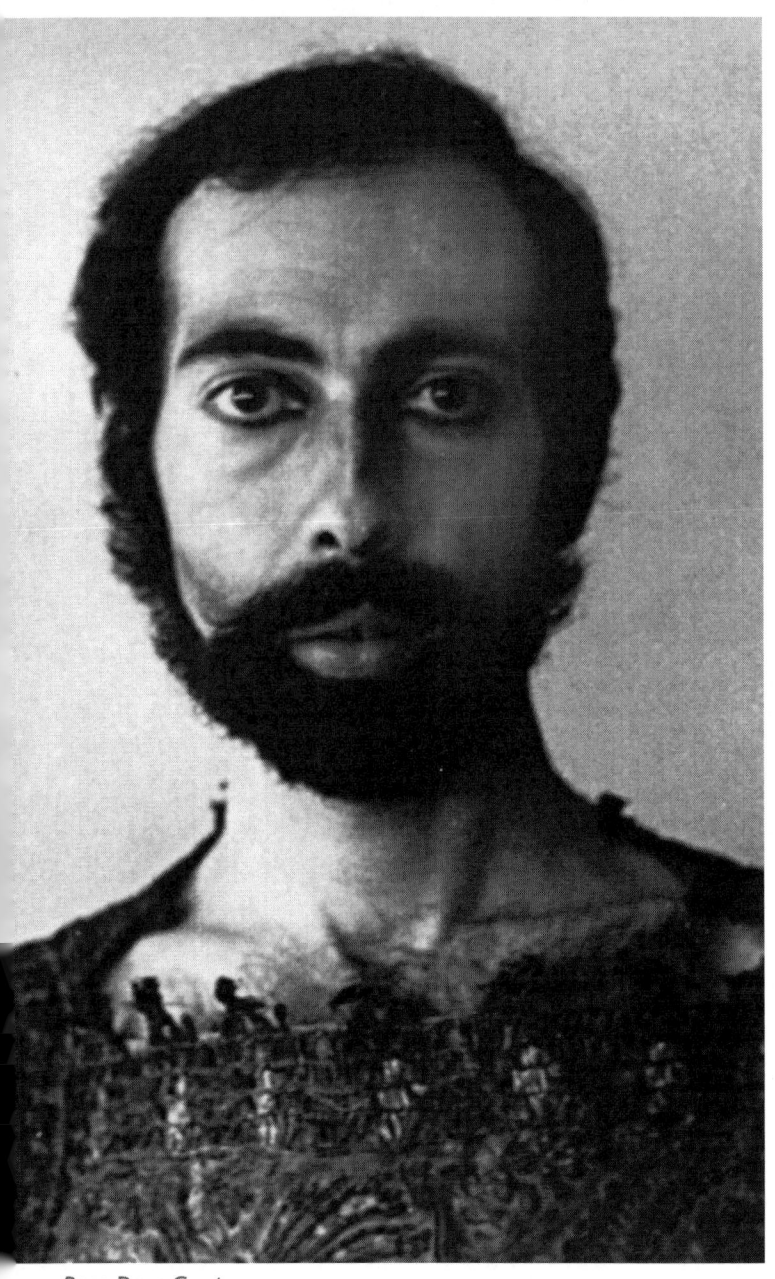

*Peça* Peer Gynt

*Peça* Peer Gynt

no trabalho, não dá para fazer apenas o que o texto propõe, o que a tua fala quer dizer, você tem que descobrir as nuances dos personagens que te cabem, os porquês de suas ações e trabalhando o corpo e a voz. Ou seja, cada contradição, cada movimento do personagem tem que ser trabalhada de uma forma.

Eu fazia quatro personagens muito interessantes, muito bem definidos, muito bem desenhados porque estavam inseridos num espetáculo redondo, muito benfeito, muito bem elaborado, com um elenco amarrado e em harmonia e na linha que Antunes deu como interpretação, de encenação, estávamos todos enfronhados naquilo. Foi um trabalho cansativo e absorvente mas dignificante para mim. Um dos meus personagens era Monsieur Ballon, um capitalista francês; outro, um pastor que discursava durante um enterro; outro mais, o Felá, um tipo de camponês que acabava punido e enforcado; e fazia também o Rei de Dovre, que aparecia em dois momentos da peça, primeiro como jovem e poderoso e depois como um homem decadente, maltrapilho, com a filha e cercado de duendes.

Foi um trabalho belíssimo porque Antunes cercou-se de profissionais do mais alto gabarito, de todas as áreas. Maria Bonomi, com quem ele estava casado na época, fazia os cenários

*Peça* Peer Gynt

*Peça* Peer Gynt, *com Jonas Bloch, Stênio Garcia e Cícero Coréia e Castro*

e figurinos com Laonte Clava e nós tínhamos palestras sobre a Noruega, a visão política do Ibsen, a realidade da época. Aliás, guardo como lembrança da peça, até hoje, uma pérola que ganhei da Maria Bonomi no dia em que estreamos. Ela chegou com muito afeto e me pediu para colocar a pérola no *foullard* que eu usava no pescoço quando interpretava o Monsieur Ballon. Senti-me tão à vontade com o gesto dela que perguntei se podia dar sugestões no meu figurino, por exemplo, entrar em cena com o cetro do Rei de Dovre quebrado, quando ele já estava decadente. Quando ela me disse que sim, preparei uma série de adereços para o personagem usar.

Os ensaios duraram pelo menos três meses. A gente chegava por volta do meio-dia e só interrompíamos o trabalho para os lanches, deixávamos os ensaios por volta da meia-noite, doze horas de trabalho, de 2ª a sábado. Adorei porque estava entrando em uma outra esfera em que você é solicitado, exigem muito de você, você tem que acionar todos os seus neurônios para acompanhar aquele ritmo. Foi um processo maravilhoso, que exigiu muito de mim e que representou, sem dúvida, uma das minhas maiores e melhores experiências teatrais. Quisera ter feito outras tantas experiências como essa que acontecem só para quem teve a sorte de estar naquele lugar e naquela hora. Enfim, *Peer Gynt* ficou um ano em cartaz, teve criticas fantásticas por ser considerado um desafio não só para o Antunes Filho como encenador como para os atores e ganhou todos os prêmios do ano porque era realmente um belíssimo trabalho.

*Paulo Hesse retribui com juros o prêmio de revelação do ano em 70. Sereno e inteligente, explora o que pode em cada intervenção.*

**Jefferson Del Rios, *Folha de S. Paulo*, maio de 1971**

163

*Claro que os melhores atores saem-se melhores numa escalada íngreme na qual é preciso possuir a habilidade da metamorfose. Everton de Castro, Jonas Bloch e Paulo Hesse se exercitam com sucesso na arte do camaleão cênico, mudando de personagem, arrancando e dando tudo de si próprio.*

**Sergio Viotti, *O Estado de S. Paulo*, maio de 1971**

Como o elenco já tinha uma certa intimidade e eu vinha de experiência com os *shows* de travesti em boates, sugeri a alguns colegas a montagem de um *show* divertido, descontraído e descompromissado pra contrabalançar com o *Peer Gynt* que era uma peça clássica, abordando um tema sério. Busquei nos meus guardados alguns esquetes e desenvolvi uma série de personagens caricatos para o elenco: Carlos de Simone, o Calú, fazia o galã; Iza Kopelmann; Ligia de Paula; Clarice Piovesan, e Maria Ilma minha querida colega de EAD. Misturei pessoas do elenco do *Peer Gynt* com outros colegas de carreira. Além de produzir e dirigir, eu fazia o apresentador do *show* que batizei como *Gatinhas Contra o Boko Moko* (era uma gíria que se usava na época, *boko moko* era sinônimo de babaca, o cara que não está com nada). Clarice Piovesan, casada com o Stênio Garcia na época, encenava um *strip-tease* muito sensual. Involuntariamente comprei uma briga com ele por causa disso, ele não gostou da *performance* da mulher que considerou muito erótica. A Clarice era linda, sensual, e realmente o *strip-tease* virou o ponto alto do *show* que apresentávamos por volta da meia-noite, uma hora da manhã, no Clube de Paris, que ficava próximo do Teatro Itália onde fazíamos temporada do *Peer Gynt*.

Ainda na temporada no Teatro Itália, surgiu a ideia de realizarmos um espetáculo para o fim de ano: *Natal na Praça* de Henry Gheon, e a

*Show* Gatinhas Contra Boco-Moko, *no Clube de Paris,*
*com Iza Kopelman*

praça escolhida foi em Santo André. Quem teve a ideia foi Analy Alvarez que já naquela época mostrava seus talentos de empreendedora e articuladora. Seria uma curta temporada, com a venda de seis espetáculos patrocinados por um supermercado local. Desta feita reunimos parte do elenco de *Peer Gynt* e distribuimos os papéis. Ivete Bonfá fez Nossa Senhora, Clemente Viscaíno o São José e eu encarnava Herodes. Chamamos de fora Chiquinho Medeiros para viver Jesus menino e Analy Alvarez representava Izabel. A direção era de Ewerton de Castro . Deu tudo certo, o que nos garantiu um Natal mais farto com peru, castanhas, nozes e um *réveillon* melhor ainda na casa de uma prima da Analy em Ubatuba.

Entrei em 72 sem perspectivas mas logo no começo do ano recebi de Miriam Mehler, que tinha sido minha madrinha na formatura da Escola de Arte Dramática, um convite para atuar na peça que ela ia produzir no Teatro Paiol, *Abelardo e Heloisa*, direção de Flávio Rangel. O elenco era muito interessante, com Claudio Correa e Castro, Abrão Farc, Perry Salles que fazia o par romântico com Miriam, ele como Abelardo e ela como Heloisa – eles estavam casados na época – Márcia Real e mais um jovem ator que vinha da TV Record, Kadu Moliterno. Meu papel era o

*Com Kadú Moliterno e Abrão Farc*

de um cônego, mestre Alberico de Rheims. Foi muito gostoso, muito agradável.

Tive a sorte de emendar trabalho com dois excelentes profissionais, Flávio Rangel e Antunes Filho, diretores completamente diferentes mas com propostas de trabalho altamente qualificadas. Flavio, infelizmente, o destino levou logo, mas fez coisas maravilhosas, grandes espetáculos. O que ele manipulava bem era justamente o espetáculo, a luz, o efeito, o visual, o acabamento estético porque ainda tinha como subsidio o fato de ser também um artista gráfico. Vi coisas ótimas do Flávio: *Gimba*, com Maria Della Costa e Gianfrancesco Guarnieri; *Depois da Queda*, do Arthur Miller, com Paulo Autran e Maria Della Costa. Quantas coisas mais ele podia ter feito se estivesse vivo.

Flavio Rangel e Antunes Filho trabalhavam de formas diferentes com o ator. Antunes desnuda o ator, quebra a postura do ator, esquece o que o ator sabe e o direciona para o seu próprio jeito de interpretar, inventa um novo jeito de interpretar, busca novas possibilidades naquele ator. Flavio Rangel já procurava mais a movimentação, o resultado, a soma de luz, música, marcações, era um grande encenador, fazia espetáculos grandiosos. Infelizmente, minha experiência com ele foi curta porque meu papel em *Abelardo e Heloisa* era pequeno, mas nos encontramos novamente na televisão, embora em outro esquema. Eu diria que com Antunes Filho rendi bem e com Flavio Rangel já cheguei pronto. Ficamos quase um ano em cartaz e também fizemos temporada em Brasília.

Para brincar um pouco e dar humor ao meu personagem, eu às vezes fazia o Alberico manco ou meio surdinho, com a mão atrás da orelha para escutar melhor. Eram criações minhas, gosto de inventar alguma coisa. Isso pode parecer indisciplina, irresponsabilidade, mas não, é um trabalho inerente ao ator. Não consigo trabalhar no piloto automático, tem atores que conseguem porque são técnicos. De toda maneira, há sempre um estímulo da plateia, cada noite são novos espectadores, e embora você repita seu papel em todas as sessões, para a plateia da hora é sempre a primeira vez e acho que essas interferências até estimulam, o teatro permite isso, porque ao interpretar o seu papel numa peça, você esta estabelecendo um jogo lúdico com a plateia. Você joga a bola e ela te devolve, o vai e vem dessa bola é que permite a comunicação. O mesmo acontece entre colegas de elenco, se um colega te joga uma bola que você não esperava, você quica a bola e joga novamente para ele.

A televisão já não permite tanto essas interferências do ator, tanto que quando tentei fazer umas gracinhas na televisão que não constavam do *script*, algumas coisas consegui emplacar mas outras o diretor cortou. É que como as novelas agora são exportadas, a produção vai para o mundo todo, você tem que seguir o texto quase que rigorosamente para facilitar a tradução e a dublagem.

Voltei a trabalhar com Antunes Filho em 73, mas a experiência dessa vez foi até mesmo desgastante. A peça era *Check Up* e diferentemente de *Peer Gynt*, que era uma grande produção com um elenco muito grande, essa agora era uma coisa menor, mais comercial, que tinha na produção Carlos Imperial, que vivia no Rio de Janeiro. Acredito que naquela época Antunes jogava com a exigência ideal e a necessidade vital, não podia fazer um espetáculo apenas artístico porque tinha que sobreviver. Então, ele aceitava o convite, ganhava um salário e mesmo assim fazia um espetáculo da melhor qualidade porque era ímpar no que fazia.

*Check Up* era um texto do Paulo Pontes que foi embora muito cedo, tão jovem, tinha feito coisas tão boas, peças tão interessantes. Deixou tanta coisa para ser feita... Era muito ativo politicamente, estava casado com Bibi Ferreira, cheguei a participar de muitos jantares na casa deles durante a temporada que ela fez em São Paulo de *O Homem de La Mancha*. Aliás, eu invejava a disciplina rigorosa da Bibi que saía das sessões muda, não trocava uma palavra com mais ninguém para poder preservar a voz, já que dançava e cantava em cena. Íamos todos para a casa deles e enquanto o Paulinho participava das reuniões, ela sorria, subia e deixava a festa rolando. Conheci também na casa da Bibi, Procópio Ferreira, que estava sempre próximo da filha. Às vezes nos encontrávamos nos restaurantes e fazíamos uma roda em volta dele, era uma pessoa muito generosa, adorava o nosso grupo, essa convivência era muito gostosa.

Mas voltando a *Check Up*, Antunes me chamou, conversamos sobre o meu personagem e na hora de acertar o salário, ele me mandou conversar com Regina Guimarães, que cuidava da administração. Não fiquei feliz com a proposta financeira que ela me fez e argumentei que eu ganhava bem mais em 71, achava que dois anos depois o salário seria melhor. Ela contra-argumentou, disse que trabalhava em cima de uma tabela proposta pelo próprio Antunes. Dei meia-volta e fui à procura do Antunes Filho no Teatro Paiol, onde ele dirigia *Bonitinha mas Ordinária*, do Nelson Rodrigues. Esperei uma pausa, consegui

chegar até ele e reclamei do cálculo que ele teria feito para formar meu salário. Antunes logo se defendeu, disse que não tinha culpa, que o Imperial é que trabalhava com uma tabela de valores. Voltei para Regina que desmentiu tudo, que o Imperial nem tinha ideia de quanto cada ator ganharia, que o salário era determinação do Antunes. Voltei ao Antunes e fui curto e grosso: se ele não melhorasse meu salário, eu não faria o espetáculo. Eu era reivindicador, tinha que ser, então, chegamos a um acordo e entrei na peça.

Era uma comédia muito áspera que mostrava os bastidores dos hospitais do INPS em contraponto com a força e o vigor do paciente Zambor, um personagem anárquico que mexe com a estrutura hipócrita daquele hospital. Quem fazia era Walter Stuart, um extraordinário ator, generoso, completo, uma pessoa maravilhosa, foi uma delícia ter trabalhado com ele. Fez pouco teatro, fez mais é circo a vida toda. No meio do processo de ensaios, Walter teve um enfrentamento com Antunes que queria tirar dele um outro tipo de interpretação, menos histriônica, o personagem tinha uma profundidade que talvez Walter Stuart não estivesse alcançando. Só sei que umas duas semanas talvez antes da estreia, Walter deixou o teatro agastado, com uma mensagem que parecia dizer: *Se é assim, eu estou me reti-*

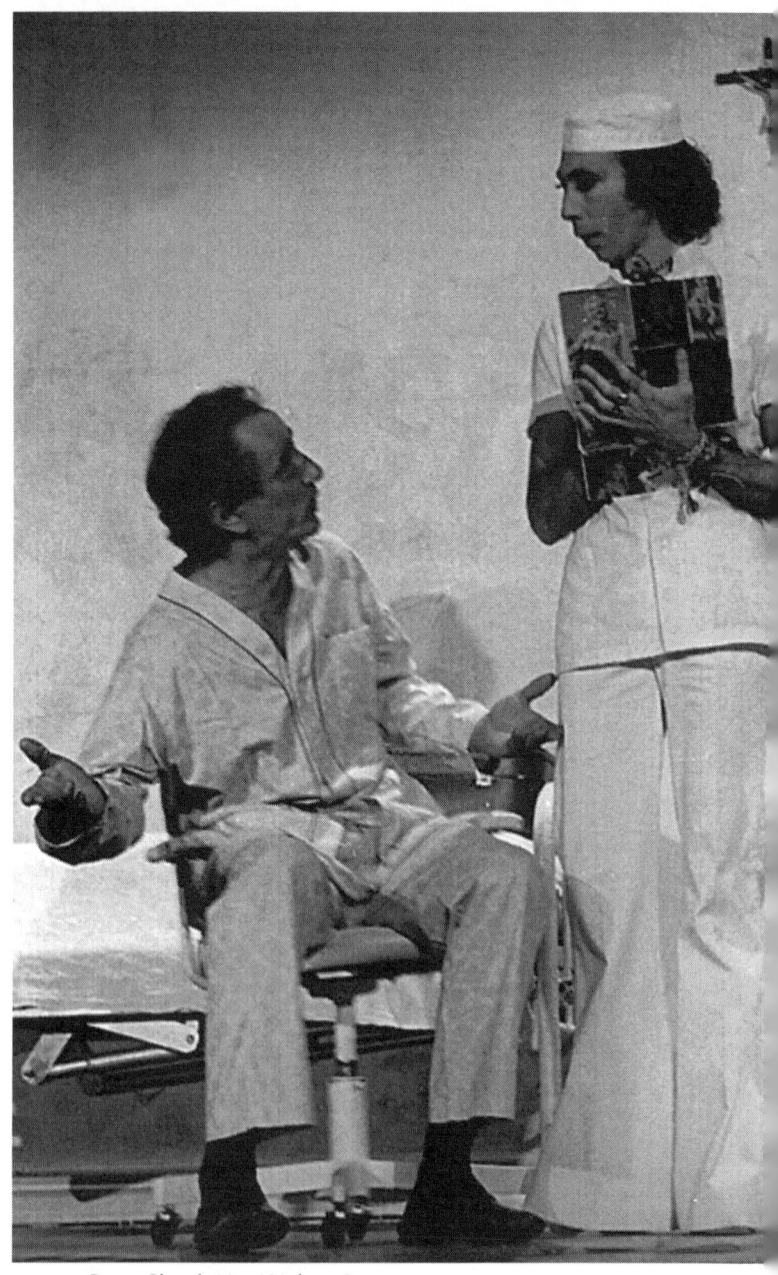

*Peça Check Up, Walter Stuart*

*rando do elenco*. Fiquei preocupado, tinha me dado muito bem com ele, Walter até lembrava meu pai, tanto que eu chamava Adriano Stuart, filho dele, de Maninho. Enfim, fui visitar Walter, não lembro se Antunes foi quem sugeriu que eu fosse ou se fui de livre e espontânea vontade, e batemos um longo papo. Ele esfriou a cabeça, raciocinou, se não me engano pediu uns dois dias de folga e quando voltou, não tocou mais no assunto e estreamos a peça.

Quem fazia o diretor do hospital era Jairo Arco e Flecha e Liana Duval interpretava a madre superiora. Meu personagem era um enfermeiro *gay* e Aizita Nascimento, linda, um encanto de pessoa, que tinha feito muito sucesso como Miss Renascença, era a enfermeira gostosa. Jonas Melo também estava no elenco.

Voltando ao início dos ensaios, Antunes Filho deu uma ideia de como pretendia conduzir o espetáculo, qual era a sua concepção, e pediu a cada ator para fazer uma gênese do seu personagem, ou seja, cada um fazia uma historinha para se situar dentro do contexto. Fui pra casa e analisei meu personagem que era uma bichinha pobre, que devia ganhar um salariozinho bem mixuruca, que vira o queridinho do Zambor e se apaixona pelo jogador de futebol que está internado no hospital. Fiz então minha gênese:

eu moro em tal lugar, tenho tal idade, faço isso assim, faço aquilo e aquilo e levei pro Antunes. No 2º encontro do elenco, cada um leu a sua sinopse e Antunes fez uma cena de improvisação com cada ator e com cada dupla. Fiz aquela bichinha bem rasteira, que ganha uma porcaria de um salário, que mora lá na ponte que caiu, não devia ter feito curso nenhum, que entra de tamanco *tac, tac, tac* e fica lá limpando o quarto, recolhendo o lixo, até que Antunes falou: *Não, Paulo, está horrível, o que você está fazendo é impossível, não existe esse personagem. Você vai fazer uma inglesinha tímida, cuidadosa e medrosa, do século passado, com 17 anos.* E Antunes, que é maravilhoso, estava certo porque eu fui fazer o oposto do que pretendia e resultou maravilhosamente bem aquela inglesinha tímida, recatada, que andava sem fazer barulho, que usava umas pulseirinhas *hippies* com uns sininhos *blen blen*, a bichinha passava pra lá e pra cá, aqueles sininhos badalando, aquela bichinha era de uma delicadeza... Ficou ótimo, ótimo.

Levamos *Check Up* no Teatro Itália, ficamos quase um ano em cartaz e a crítica derramou elogios sobre o texto do Paulo Pontes, sobre o fato de Antunes Filho ter colocado o espetáculo em pé e sobre o Zambor do Walter Stuart, que era visto como um herói trágico.

*Paulo Hesse tinha nas mãos um papel perigoso, fácil de cair na caricatura, mas soube enriquecê-lo com inteligência e compô-lo de um modo cerebral.*

**Hilton Viana, *Diário de S. Paulo***

*Lamentamos que Paulo Hesse, um intérprete de talento, não seja melhor aproveitado pelo nosso teatro sendo lhe confiado um papel ridículo de linha caricata mas até isso ele faz bem.*

**Clóvis Garcia, *O Estado de S. Paulo***

Esses trabalhos me permitiram estar em uma reportagem de página inteira do jornal *O Estado de S. Paulo* com o titulo *Jovens Senhores do Palco*, assinada por Sábato Magaldi, que se mostrava entusiasmado com os jovens atores que estavam surgindo. Sábato pretendia que eu seguisse carreira de encenador mas, lamentavelmente, me perdi e desvirtuei meu caminho, mas apareço como ator ao lado de Zanoni Ferrite, que infelizmente morreu muito jovem mas fez coisas lindas; José Wilker, que começava no Rio uma carreira brilhante; Ney Latorraca; Antonio Fagundes, na época um jovem promissor que viria a ter uma bela carreira, e Ewerton de Castro.

Alguns anos mais tarde, recebi mais um convite do Antunes Filho para fazer um papel em *Ricardo III*, no Teatro Municipal, mas, feliz ou infelizmente, não acertei os detalhes com a produção porque o salário que me foi oferecido era inferior ao que eu tinha recebido ao trabalhar com ele um tempo antes. Eu acreditava que o ator vai somando trabalhos e que esse currículo vai aumentando seu preço mas, na prática, isso não acontece. Voltamos a trabalhar juntos na TV Cultura em um espetáculo muito interessante, experimental, chamado *O Olho*, uma criação dele, feita em cima do improviso dos atores, no caso, Lilian Lemmertz e eu formando um casal com um filho. Antunes propunha situações e improvisávamos as cenas. Ele dirigia, orientava, cortava, deve ter mexido na edição, enfim, era um processo de trabalho genial, acho que com o Antunes acontece quase que o mesmo que aconteceu com Stanislavsky, um método.

Nesse espetáculo, era como se o planeta Terra sofresse a invasão de um extraterrestre, nós conversávamos com ele, explicávamos como se vivia aqui, como a gente se comportava, como se andava, como se comia, era muito louco mas também muito interessante.

Antunes Filho, insisto, é um dos ilustríssimo senhores do teatro brasileiro e por que não dizer

*No especial da TV Cultura, O Olho*

do teatro lá de fora, levou muita coisa boa para os festivais do Exterior e deve ter trazido muita coisa de lá pra ser vista aqui, porque ele absorve muito essas coisas todas, essas leituras, esses movimentos, consegue captar muito bem, filtra.

Ainda na TV Cultura, tive uma experiência com Antonio Abujamra, outra pessoa diferenciada. Eu o conhecia mais por sermos contemporâneos, pela convivência. Abu é uma pessoa tão carismática, tão querida, afinal, a gente acaba admirando todos os grandes mestres com os quais a gente cruza, porque sabemos o valor que eles têm em meio às dificuldades, às adversidades que atravessam para fazer arte neste país. O Abu tem um humor peculiar. Cada vez que nos encontramos, ele me diz: – *Como vai esta figura que eu tirei da sarjeta?* E eu respondo: *Mas quantas vezes você já me tirou da sarjeta, Abu?*

Aliás, era uma delicia trabalhar na TV Cultura, um ambiente de confraternização e entusiasmo. A diretora do núcleo de teledramaturgia era Nydia Licia e sob sua gestão todos vestiam a camisa. O engraçado, até irônico, é que esse período de produções numa emissora estatal, aconteceu sob os auspícios do Governador Paulo Maluf...

## Depoimento

## Sucesso

*Em* Peer Gynt, *um espetáculo que considero um dos melhores que fiz, Paulo Hesse foi um dos pilares do sucesso. Não pude deixar, depois disso, de convidá-lo sempre para trabalharmos juntos.*

**Antunes Filho**

# Capitulo VIII

## Sem Medo de Experimentar

Enquanto estávamos em temporada com *Abelardo e Heloísa*, durante o dia eu fazia uma outra peça, *O Auto da Compadecida*, do Ariano Suassuna, que era vendida para escolas. Meu papel era o do João Grilo, a direção estava a cargo do João Cândido e a produção ficou com Norma Grecco, uma fera, excelente vendedora. Ela tinha um catálogo de escolas e vendia como camelô que vende disco pirata na Barão de Itapetininga. Tinha semanas que fazíamos de oito a dez espetáculos, de manhã e à tarde, a Norma vendia até para cegos se fosse preciso. Tanto que fizemos um espetáculo em que ninguém da plateia riu, a molecada não tinha qualquer reação. Quando terminou e perguntei à Norma o que tinha acontecido, ela respondeu na maior naturalidade que o comportamento dos espectadores tinha sido natural porque eram todos surdos-mudos...

No nosso primeiro dia de ensaios, João Cândido chamou a mim e ao Hamilton Monteiro, os protagonistas, e nos isolou dos demais atores. Estranhei e perguntei se os outros não iam ensaiar conosco. Ele me respondeu que ensaiava cada uma das cenas com os atores que entravam nela e estranhei mais ainda porque o bom é estar junto, ver o trabalho de todos, ou seja, trata-se de um trabalho de equipe. Em todo caso, como o método de direção dele era esse, ensaiamos dessa forma algumas vezes. Quando fomos para o palco, no entanto, eu percebi que ele podia até ter uma concepção para o espetáculo, mas pouquíssima prática de direção de ator. Eu então pressionava mesmo: – *Por que nesta fala o João Grilo diz isso? E por que nesta outra ele diz aquilo? Por que eu tenho que dar dois passos prá cá?* Com o tempo, ele começou aceitar as minhas sugestões e embora fosse muito rigoroso e autoritário com os demais, comigo foi abrindo um pouco o espaço até que eu comecei a participar do processo. Mas ele foi se irritando comigo até que poucos dias antes da estreia, teve um ataque e me disse que comigo não trabalhava mais porque eu não o deixava dirigir, ficava dando palpites, interferindo: – *Fico eu ou você.* Eu adorava aquele papel, estávamos ensaiando há um tempão, ele ia ter que me engolir. Norma então veio conversar comigo, pedir que nós nos entendêssemos, já estava com uma série de espetáculos vendidos, não podia atrasar a estreia, enfim, ele não implicou mais comigo, eu fiquei mais seguro e fizemos uma bela temporada.

*Paulo Hesse ganhou um prêmio de revelação da Associação Paulista de Críticos de Arte por sua*

*Cena de* Auto da Compadecida, *com Amilton Monteiro*

*excelente participação em* Peer Gynt *mas ainda não tinha tido um papel que lhe permitisse explorar todo seu talento. O personagem de João Grilo lhe dá essa oportunidade que ele aproveita muito bem, fazendo-nos lamentar apenas que o espetáculo não esteja sendo apresentado em horário normal para um público maior. Inteligentemente, Paulo Hesse não procurou compor o João Grilo tipicamente nordestino, trazendo o personagem mais para uma linha de caipira paulista possível dentro da universalidade do papel, que aumenta sua comunicabilidade para o nosso público que no dia em que vimos era quase totalmente jovem.*

**Clovis Garcia,** *O Estado de S. Paulo*, **abril de 1972**

*Paulo Hesse alcança ótimo resultado em João Grilo. Até mesmo surpreendente se se lembrar que ele não é um ator espontâneo e faz tudo com elaboração e inteligência ...*

**Sabato Magaldi,** *O Estado de S. Paulo*, **abril de 1972**

Mesmo ocupado com as duas peças, durante o dia, às 2ᵃˢ feiras, eu ainda dava aulas na Escola Contemporânea, aceitando um convite insistente do Alfonso Gentil – nós nos revezávamos no curso, ele com as aulas de interpretação e eu com as de improvisação e dicção. Foi uma experiência muito gostosa porque como nunca me considerei um professor, um instrutor, eu me sentia como um aluno recém-formado começando uma carreira – achava que para ser professor de arte dramática tinha que ter feito uma escola específica. As pessoas me estimulavam: – *Mas Paulo, quem fez a Escola de Arte Dramática, quem já fez essa quantidade de trabalhos que você fez tem muito material para oferecer para essa moçada.* Então, eu criava uma forma meio didática de trabalhar, organizei meu próprio programa de trabalho, dizia aos meus alunos: *Não sou professor e não vou transformar vocês em atores, vou apenas abrir possibilidades, orientá-los, abrir a cabeça de vocês para que deixem de lado essa maniazinha de quererem ser artistas.* Devo ter feito a cabeça de muitos jovens que achavam que sairiam dali atores profissionais, iam fazer coisas. Mostrava a eles que se queriam realmente ser atores, deveriam cursar a Escola de Arte Dramática, com suas oito ou dez matérias básicas para o entendimento do teatro, para o exercício da profissão, tanto é que muitos desistiram, outros voltaram para suas cidades no Interior para fazer teatro por lá e outros tantos eu preparei para os exames da EAD. Alguns foram aprovados, outros não, alguns começaram a escola e desistiram mas, de qualquer forma, acho que trabalhei bem.

Como o casal Elvira e Alfonso Gentil mantinham um grupo de teatro semiamador na escola, o Teco – Teatro Escola Contemporânea, muitos dos alunos aos quais dei aula foram parar nesse grupo. Um que começou ali e se deu bem, fez uma bela carreira, foi Genésio de Barros, que ficou meu amigo.

A gente aprende muito no trabalho não só com um grande ator mas também com um principiante, que não possui a mesma técnica, porque ele te traz algum subsidio. Estou sempre aberto para o novo e para os que chegam. Comecei a fazer teatro porque achava que seria minha profissão do futuro, como realmente foi e é. Mas a maioria que faz teatro, faz sem consciência e não sabe que vai ter que enfrentar a concorrência, que é grande e desleal. Penso que se fosse médico, procuraria ser um expoente, então, dentro da minha profissão, procuro lutar de todas as maneiras.

No segundo semestre de 1972, fui convidado por Lauro César Muniz para atuar em *O Santo Milagroso* – a história gira em torno da relação de um padre e um pastor e opunha a igreja católica à igreja protestante. Fizemos temporada de um semestre no TBC– Teatro Brasileiro de Comédia. Gostei de estar com Lauro Cesar Muniz que era um autor conceituadíssimo de teatro, com grandes trabalhos.

Lauro César tinha uma posição política bem definida, a mantém até hoje. É muito coerente com a maneira de pensar e agir, convivemos muito nos movimentos teatrais de 1970. Foi uma época em que sofríamos repressão política, tínhamos que ter *licença* para ser artista. Essa peça não chegou a ser proibida, mas qualquer texto, qualquer espetáculo encenado naquele período tinha que ter autorização prévia da Policia Federal. Ou seja: eles podiam até liberar o texto mas tinham que liberar também a encenação, porque achavam que na montagem podíamos nos manifestar politicamente por meio de um figurino, de um objeto de cena, de uma fala dramática que denotasse uma critica ao regime vigente.

O pastor Camilo tinha uma sobrinha, Terezinha, interpretada por Clara Lee, e eu fazia umas gracinhas ao atuar, inclusive chamando a Clara de *Crarari* de procedência japonesa. Numa cena em que minha sobrinha começava um namorico com o sacristão, que era feito pelo Henrique Taubaté que se formou na Escola de Arte Dramática antes de mim. Ela olhava para um santinho que tinha recebido dele e rezava ajoelhada quando o pas-

*Peça* O Santo Milagroso

tor pega a moça em flagrante e lhe dá a maior bronca. Em uma das apresentações, eu substituí o santinho pela foto erótica que retirei de uma revista de sacanagem. Na hora em que eu pedia para ver o santinho que ela trazia escondido, ela foi obrigada a me mostrar a foto sacana, foi muito engraçado.

Quando posso, sempre invento uma brincadeira pra deixar o ambiente mais alegre. Sou um ator disciplinado e responsável na estrita execução do meu trabalho mas adoro brincar com tudo que é novo e inesperado. Incorporo em cena uma brincadeira ou outra, sabendo que existem brincadeiras pertinentes e brincadeiras mal-intencionadas, o que não é o meu caso.

*... Vislumbra-se o que poderia ter sido o espetáculo, prejudicado pelo acanhamento da direção e pela heterogeneidade do elenco. Somente Lafayette Galvão nos dá um padre José excelente do principio ao fim da comédia; Paulo Hesse (pastor) cresce no segundo ato...*

**Ilka Marinho Zanotto – *O Estado de S. Paulo*, agosto de 1972**

Eu já vinha intercalando televisão com teatro quando fomos fazer *Mulheres a Bordo*, Jandira Martini, Vic Militello, Cláudio Lucchesi e Tereza

*Peça* Mulheres a Bordo

Teller entre outros. Era a recriação de um musical que tinha feito temporada na Broadway, sobre um grupo de dançarinos que justamente se rebela contra esse esquema de superproduções da Broadway. Eu interpretava um tipo de empresário decadente daquelas coristas.

Ensaiamos o espetáculo com Eloy Araujo, um jovem diretor contratado pelo Fernando de Almeida, nosso querido colega, um produtor também jovem, de excelente família, bem situado financeiramente, e que fazia o galã com dificuldade, porque não tinha aquele jogo de cintura, literalmente falando. Porque se você vai fazer um musical, o mínimo que se exige é canto e dança e, na verdade, nenhum de nós atores estávamos bem preparados para fazer um musical onde cantar e dançar é fundamental. Jandira, que fazia a primeira dama, a *estrela* do *show*, deve ter penado um pouco pra sapatear com leveza e ginga, tinha uma boa empatia com a plateia. Mas na verdade, quem melhor dançava era Vic Militello, que fazia uma corista meio ultrapassada.

Por sorte contamos com Roberto Azevedo, o coreógrafo, que realmente conseguiu fazer belas coreografias, belos desenhos de movimentação de elenco mas que não conseguiu o melhor resultado com o seu precário Corpo de Baile. Dis-

*Peça* Mulheres a Bordo

cuti muito durante a montagem, tenho o senso crítico muito aguçado, sou observador, queria que o resultado fosse bom, esse era o objetivo de todos, mas nenhuma das minhas sugestões foi aceita. Conclusão: a peça estreou no Teatro Paiol e ficou no máximo duas semanas em cartaz, foi um fracasso total, bombardeada pela crítica. Tentamos reformular o espetáculo, contrataram um grupo de bailarinos para enfeitar um pouco, Fernando queria de toda maneira salvar o investimento.

*A peça dita musical que se apresenta no Teatro Paiol mostra até á náusea o absurdo do bom senso...*

*.... E foi assim que subiu à cena* Mulheres a Bordo, *a idiota revista de Jim Wise. Jandira Martini, Paulo Hesse, Vic Militello e Claudio Lucchesi são atores e atrizes expressivos, de talento inegável mas se não os conhecêssemos de outras peças, suas virtudes não nos ocorreriam. Despreparados para a dança e para o canto, sofrem e fazem sofrer...*

**Fausto Fuser, *Folha de S. Paulo*, outubro de 1973**

*... que mais dizer? Que não se monta um espetáculo quando não se sabe fazê-lo... sai todo mun-*

*do perdendo com essa vaidade: atores, diretor, produtor... E agora um recado para os atores: podem começar a xingar os críticos – principalmente e demoradamente esta crítica, que é o que sempre acontece quando a gente não gosta e volta para o jornal para cumprir o seu dever.*

**Regina Helena, *A Gazeta*, outubro de 1973**

Minha peça seguinte foi *Dr. Zote*, com direção da Tereza Aguiar e texto do Nery Gomes de Maria, que tinha ganhado o Prêmio Anchieta. Tereza Aguiar era minha amiga, tinha sido diretora da Escola de Arte Dramática, e quando me chamou. fiquei entusiasmado, feliz mesmo com a ideia de fazer um espetáculo com um texto novo, com um grupo de atores interessantes, todos jovens, egressos da EAD. Eu não tinha noção do que seria um texto expressionista, sabia apenas que o expressionismo tinha surgido na Alemanha, em decorrência da 1ª Guerra, e de lá vinha essa dramaturgia expressionista. Quando comecei a ler, achei o texto meio confuso e não conseguia entender por que aquele texto era expressionista, e como se faz um texto expressionista, como se leva para a cena. Como é que o ator representa *expressionisticamente*? Pra mim estava tudo muito vago, tínhamos que partir de alguma coisa sólida, sei lá, e na medida em

*Peça* Doutor Zote

que a gente começou a trabalhar, me deu uma insegurança... Palpitei muito, alertando até para o fato de que o texto talvez tivesse sido catalogado de expressionista por conta da deficiência do autor, enfim, não conseguia detectar como podíamos resolver aquilo. E confesso que não fui um elemento que lutou a favor, fiz o papel com o maior empenho mas, verbalmente, nas discussões, eu era sempre aquele que queria amarrar este texto, tanto é que eu perguntei pro Nery: – *Você se propôs a fazer com o* Zote *um texto expressionista?* Palavras dele: – *Não, eu nem sei o que é um texto expressionista. Consideraram que o meu texto é expressionista, mas eu conheço muito pouco de expressionismo. Eu quis escrever uma história e escrevi.*

Acho que foi o primeiro texto desse rapaz e ele teve a sorte de ganhar um prêmio, mas o que se observa é que cada pessoa recebeu o texto com uma ótica. Ilka Zanotto, por exemplo, que é uma crítica de teatro altamente considerada, deu um depoimento elogiando o texto no programa do espetáculo. Acredito que ela é que deve ter sugerido a direção da peça à Tereza Aguiar, que por sua vez viu ali a oportunidade de montar em São Paulo um espetáculo com um grupo que tinha em Campinas, o Rotunda, chamando para o elenco outros atores formados pela EAD como

*Peça* Doutor Zote

João Acaiabe, Rofran Fernandes, Armando Azari, gente que já tinha um embasamento, falava a mesma língua, tínhamos uma cumplicidade, enfim. Começamos então a ensaiar, ela montou uma equipe para fazer cenário, figurino, luz, conseguiu criar um grupo interessante, mas eu tinha a sensação que estávamos fazendo uma coisa que não era o que ela achava que podia ser, eu não conseguia ver, não conseguia entender a proposta. Nery se propôs a reescrever algumas cenas, ele próprio sentiu que tinha que fazer alguma alteração, e realmente fez, que nós assimilamos, mas mesmo assim ainda ficou falho. Enfim, não torci contra, mesmo porque eu era o protagonista, mas acabei constatando, um mês depois da estreia, que estava certo, tanto que o espetáculo teve uma carreira curtíssima, ficou somente um mês em cartaz, morreu na praia. A maioria das críticas falava mais ou menos a mesma coisa que eu. Por exemplo, Mariângela de Lima, que escreve para o *Estadão*, em junho de 1975 faz a critica ao espetáculo dando ao texto o titulo:.. *Texto Indefinido Desvaloriza a Montagem*.

*As restrições começaram pelo texto, a técnica não supera o primarismo, tornar a história narrada o produto de um pesadelo; além de permanecer num lugar-comum...*

Desamparado pelo texto, o elenco não pode fazer milagres. Paulo Hesse se esforça para realizar uma composição coerente e tem momentos de inegável firmeza.

**Sábato Magaldi,** *O Estado de S. Paulo,* **junho de 1975**

O que resulta desta luta do texto com a direção é paradoxalmente um espetáculo falhado mas digno e sério, uma tentativa nobre acaba em engano mas nem por isso está despojado de virtudes...

Para concretizar sua leitura do texto, Tereza Aguiar contou com a colaboração de um elenco jovem e eficiente do qual emergem com força as interpretações de Paulo Hesse e do ótimo Rofran Fernandes.

**Alberto Guzik,** *Última Hora,* **junho de 1975**

Em última análise, Dr. Zote oferece momentos altos e baixos, que poderiam redundar em aspectos positivos tão somente, se não fosse o primarismo do texto de Nery Gomes de Amaria, um estreante em teatro.

**Alípio Omar Feleno,** *O São Paulo,* **junho e julho de 1975**

Depois desse fracasso, que obviamente não me deixou feliz, José Renato resolveu trazer para São Paulo uma peça que já tinha montado com sucesso no Rio, *Alegro Desbum*, uma comédia de costumes do Oduvaldo Vianna Filho que já tinha escrito duas outras peças que não tinham sido liberadas pelo Regime Militar: *Rasga Coração* e *Chapetuba Futebol Clube*. Vianinha teve uma participação ativa no processo de criação do Teatro de Arena, lutou muito em favor do teatro. Morreu prematuramente aos 38 anos.

José Renato trouxe toda a produção pronta do Rio, cenários, figurinos, a mesma marcação, tinha pouco tempo para estrear, e o papel que no Rio tinha sido do Francisco Milani, um *gay* com uma participação muito ativa dentro da história, seria entregue a Abrão Farc, um grande amigo, um grande colega, com quem fiz teatro e novela. Abrão Farc ensaiou um período o Protético, nome do personagem, mas realmente era difícil para ele dar uma desmunhecada – Abrão é o homem da camiseta, não tira a camiseta porque tem que proteger o peito, a voz, a caixa torácica, a sua caixa de emissão de voz... Estou fazendo uma brincadeira com Abrão que é uma pessoa muito regrada, muito rigorosa, muito séria. Enfim, muito a contragosto, até porque ele é uma pessoa muito sensível, delicada, gosto muito dele, é um paizão, um queridão, muito leal, José Renato teve que substituí-lo.

Estou no Gigetto quando alguém chega à minha mesa, não sei se foi Jussara Freire ou Caruso que faziam o espetáculo, dizendo que José Renato queria falar comigo. Fui até a mesa dele e ele começou a me entrevistar para ver quem eu era, se poderia fazer aquele papel, queria fazer um teste. Tenho implicância com esse negócio de teste, afinal, fiz três anos de EAD, ganhei vários prêmios, trabalhei em diversos espetáculos, aí ele vem com aquele jeitinho e diz: – *Pois é, Paulo, é que não te conheço, não posso arriscar, temos pouco tempo e já estamos atrasados...* Não gostei muito da forma como ele me chamou, apesar de que o admirava e continuo admirando muito o Zé Renato, e logo respondi: – *Você não me conhece, mas eu sei exatamente quem você é: Faz parte do grupo do Teatro Arena, juntamente com Boal, Guarnieri. Fez grandes trabalhos e uma belíssima carreira de diretor lá dentro, lançou Eva Wilma como atriz e não sabe nada de novatos não é? Então é falha sua porque tinha obrigação de saber.* Bom, ele não deve ter gostado muito, deve ter achado que eu ia encher o saco dele, e arrematou: – *Amanhã você vai lá pra gente conversar.* Respondi na hora: *Vou lá para pegar e fazer...*

Realmente, fui, peguei o papel sem precisar fazer nenhum teste, é claro, o espetáculo foi muito bem e ficamos um ano em cartaz. Eu tinha um destaque no espetáculo porque esses papéis de *gay* marcam, chamam a atenção. Meu camarada, Jefferson Del Rios, já tinha me alertado para os personagens homossexuais, sobre o perigo que é você ficar fazendo esses papéis pelo resto da vida, mas esse *gay* era muito diferente do que fiz em *Check Up*. Era um papel que a princípio as pessoas achavam meio caricato, mas eu consegui verticalizar o Protético, dar uma vida para ele, um amor, um sentimento, uma busca pela sobrevivência, então, acho que o personagem ficou redondo, hilário em alguns momentos porque eu era muito verdadeiro. Não era aquele papo que você sai do teatro, leva o personagem para casa e dorme com ele, mas era um personagem que você fica de mãos dadas com ele durante a temporada.

O público gostava muito porque realmente a comédia era ótima, tinha uma carpintaria maravilhosa, bem resolvida, fala de um cara, o Buja, que trabalha com publicidade, ganha um baita de um salário e de repente entra em crise, chuta o balde e larga tudo, vai procurar a identidade dele como ser humano que estava se perdendo, porque o sistema acaba te triturando, você passa

Alegro Desbum: *Maria Eugênia De Domenico e eu*

a ser também um produto daquele sistema. Que é o que acontece num governo, o candidato pode até chegar no topo, ter sensibilidade, entender a população com uma ótica muito mais humana, ter e fazer propostas, mas quando é eleito cai lá no poço de Brasília, tem que fazer parte do sistema e se perde, vai sendo triturado e vira um produto que serve ao sistema.

Na peça, eu tinha uma cena em que meu personagem fazia contas enquanto, em uma ação paralela, o Demarco, personagem do Henrique César, tentava conquistar uma mocinha *hippie*. Eu fazendo minhas contas e ele brincando e fazendo gracinhas para a garota. Numa fala, eu perguntava ao Demarco: *Quanto é 6 x 7?* Ele respondia: *42.* Isso acontecia diariamente, durante meses, até que em uma das sessões, brincando, eu troquei os números e perguntei: *Quanto é 8 x 9?* Como ele estava no automático, deu uma parada, fez as contas, respondeu de mau humor e saiu de cena. Quando deixei a cena, ele estava me esperando e me deu um tapa na cara. Estava puto comigo achando que eu tinha feito aquilo de maldade, pra prejudicá-lo, quando não era nada disso, no meu entender era uma coisa engraçada trocar os números da tabuada. Ele superou isso, hoje somos amigos, mas entendo que deve ter ficado desconcentrado com a minha brincadeira.

Alegro Desbum: *Maria Eugênia De Domenico e eu*

Não me lembro de ter desconcentrado com a brincadeira de um parceiro de cena, até porque poucos atores fazem isso, não é comum, mas se aconteceu comigo, eu entendi que devia tirar de letra.

Entrei para fazer *Alegro Desbum* por quatro meses – março, abril, maio e junho – e estava apalavrado para fazer um filme no Rio quando esse prazo terminasse. Acontece que a temporada se esticou por causa do sucesso do espetáculo e pedi então ao José Renato que me substituísse por um mês, que era o prazo do filme. Ele ficou apavorado e nessa história de como é que faz, como não faz, Zé me sugeriu que eu procurasse um substituto e ensaiasse com ele. Foi quando recorri ao meu amigo Francarlos Reis, meu querido Francarlos, meu manão, manão no sentido de mano. Quando comecei a atuar, eu não sabia que conhecia o Francarlos há tanto tempo. Na verdade, tínhamos feito juntos o 3º ano primário no Ginásio Piracicabano, eu como interno. Não havíamos criado nenhum elo nesse tempo, tanto que só fomos descobrir isso anos depois.

Cheguei para o Francarlos pedindo que ele me quebrasse o galho em *Alegro Desbum*, José Renato achava que a peça ficaria em cartaz por mais um mês apenas, e esse prazo era exatamente o que Francarlos tinha livre. Fran entrou de

Alegro Desbum: *Maria Eugênia De Domenico, Edgard Franco, Jussara Freire, Marcos Caruso, Nair Belo, Sebastião Campos e Aida Slon*

cabeça no espetáculo, fez dois ou três ensaios com Zé Renato e assumiu o Protético. Era de uma eficiência, uma energia o Fran... É lógico que cada ator tem uma postura, um estilo de trabalhar e fornece características próprias a um personagem, mas Francarlos e eu tínhamos a mesma idade, o mesmo tipo físico, por isso a substituição era fácil para um e outro.

Fui fazer o filme, voltei no final de julho para reassumir meu papel e fiquei sabendo então que a temporada tinha sido esticada mais quatro meses. Não tinha cabimento eu pedir de volta meu papel ao Francarlos e ele continuou por mais um tempo. Acontece que chegou o fim do ano e ele teve que sair do *Alegro Desbum* por conta de um compromisso assumido com Fauzi Arap. O que aconteceu então? Retomei o espetáculo em novembro e ficamos em cartaz até março, não mais no Teatro Maria Della Costa mas no Paiol. Nesse intervalo, o projeto do Fran foi mal das pernas, a peça que ele foi fazer saiu de cartaz rapidinho, lamentavelmente porque era de muito boa qualidade e com uma direção muito competente do Fauzi Arap, e como *Alegro Desbum* ia viajar, Fran retomou o espetáculo mais uma vez e fez o resto da temporada viajando. Foi engraçado porque um foi substituindo o outro. Nós nos *autossubstituíamos*.

Essa peça se passava em um apartamento que ficava no 10º andar de um prédio treme-treme e em uma cena, meu personagem batia na porta para chamar o Buja, que estava tendo uma transa lá dentro. Eu fazia o *toc toc toc* e dizia: – *Buja, o pessoal que vai pro piquenique tá lá embaixo te esperando, você não vai descer?* Ele respondia: *Não, Protético, não vou*. Era só um *off* que eu ou o Francarlos fazíamos e pronto. Só que no último espetáculo da temporada, resolvi fazer uma brincadeira, achei que ia ficar engraçado, então, por fora do cenário, coloquei as duas mãos no batente da janela, botei só a minha cara na cena e disse a minha fala. O Buja gargalhava e eu insistia: *Vai ou não vai descer? O pessoal está te esperando...* O mais engraçado foi que quando ele respondeu que não ia descer, eu fiz um tchau comprido, como se estivesse despencando do prédio. Valtinho Breda, que fazia o Buja, é que teve que passar esses apertos comigo.

Na peça trabalhava Nair Bello que fazia a mãe da namorada do Buja, numa cena muito engraçada ela aparecia com uma bolsa de água quente ou gelo na cabeça. Eu já tinha deixado o espetáculo, estava na plateia e quando essa cena começou, levantei do meu lugar, subi cautelosamente no palco e como a porta do apartamento estava sempre escancarada, entrei em cena como quem não quer nada, batendo na porta *toc toc toc*. Os atores olharam, me viram ali e devem ter pensado: *Mas o que é que o Paulo está fazendo aqui a essa hora se nem mais está na peça?* Eu improvisei uma fala e soltei: *Com licença, eu moro no apartamento ao lado e precisava fazer uma ligação, posso usar seu telefone? Não vou incomodar ninguém, podem continuar nessa conversa...* Um olhava pro outro enquanto eu improvisava um papo de que estava com bronca do apartamento que eu tinha alugado, que estava úmido, enfim, falei um monte de besteiras, desliguei o telefone, agradeci e saí de cena. A plateia nem se deu conta que eu era demais na cena e os atores riram muito até conseguirem retomar suas falas. Foi uma despedida do elenco, o enterro do espetáculo.

*Paulo Hesse como gay é um ator em pleno amadurecimento, criando papel difícil, pois já nasceu da cuca do autor como uma caricatura, de forma tão tranquila, despretensiosa e simpática quanto o Vianinha imaginou. Pela força do dramaturgo e por essas boas interpretações* Alegro Desbum *é bom de se ver.*

**Alberto Guzik, *Última Hora*, abril de 1976**

*Paulo Hesse faz o homossexual sem nenhum exagero de caricatura. Salvam-se pela espontaneidade, Eugênia De Domenico, Edgar Franco e Paulo Hesse, que volta a compor com dignidade o papel do homossexual mas correndo o risco de ficar marcado como ator característico para este tipo de personagem.*

**Sábato Magaldi, *O Estado de S. Paulo*, abril de 1976**

Voltei a ser dirigido por José Renato em 2004, na peça *De Cara com o Avesso*, fazendo um personagem muito prazeroso, o Marmita, que dá refúgio para um casal de jovens bandidinhos que faz sequestros relâmpagos e pequenos furtos. Marmita era um professor que tinha sido preso na época da Ditadura, pelos militares. Tinha sido torturado, mutilado, fizeram lavagem cerebral com ele, enfim, não morreu mas virou um trapo humano, vivendo sempre bêbado num subúrbio, catando latas e outras quinquilharias que ele guardava em um galpão. Lá pelas tantas, o casal sequestra um homem que vem a ser diretor de uma escola americana e o Marmita tem um embate com esse professor por causa de seus ideais. Tínhamos cenas muito interessantes, até de um certo humor, de sarcasmo, porque agora quem tem o poder é o Marmita. Fiz o persona-

*Na peça* De Cara Com o Avesso

gem com o maior tesão, pena que a peça tenha ficado apenas uma semana em cartaz por causa de problemas com a produção. Foi uma semana de muito prazer que, infelizmente, se esgotou rapidamente.

Quando terminava a última cena, eu ficava sozinho enquanto as luzes iam caindo até o *black out*. Pedi ao José Renato se podia fazer uma alusão ao final de *Navalha na Carne*, do Plínio Marcos, quando nossa saudosa e querida Ruthinéa de Moraes fechava a cena desembrulhando e comendo um sanduíche de mortadela. O Zé concordou e eu recriei esse detalhe numa modesta homenagem à Ruthinéa e ao Plínio.

## Depoimento

*Lembro que eu estava dirigindo, há muito tempo atrás, uma cena com ele:*
– Paulo, fala mais duro! Mais forte!... Mais... mais...
– Mais macho ? – *ele pergunta.*
*Eu hesito:* – É... Isso, mais macho!
– Mas o personagem não é homo...? – *ele, com um olhar arregalado...*
– Paulo, esse homem é macho pra caramba!...

*Não sei se ele se convenceu, mas a partir daí, o personagem do protético no Alegro Desbum, do Vianinha, foi melhorando cada vez mais.*

*Tivemos outros encontros profissionais. No último, uma montagem complicada, partilhamos um calote muito chato do produtor, que, à moda antiga, distribuiu cheques sem fundo pra todo o elenco e sumiu. Ainda existe isso em teatro, Paulo!*

*Mas, minhas lembranças de trabalhos com o Paulo são sempre amigáveis e, principalmente, sorridentes. Será sempre um prazer cruzar na vida com o sorriso aberto, franco, do Paulo Hesse! E com seu olhar arregalado, eternamente a perguntar ao diretor:*
– Estou certo, Zé? É por aí mesmo?
– É Paulo... É por aí...

*Um abração,*

**José Renato**

217

# Capítulo IX

## A Vida é Feita de Circunstâncias

Cada peça é uma peça, cada papel é um papel, cada circunstância de direção ou de produção te leva mais para cá, ou mais para lá, portanto, não tenho um método de trabalho. Tenho, sim, uma receita que sigo para todos os meus personagens que começa na preocupação de escarafunchar, procurando achar nesta pesquisa do personagem os pontos que eu possa ter em comum com ele enquanto ele é um ser humano e eu também. Em cima desses pontos de ligação é que vou me baseando para construir um personagem que em si só é uma mentira, você vai ao teatro e assiste a uma encenação que é uma mentira, você está vendo uma coisa que não está acontecendo de fato, não são personagens reais desempenhando seus papéis, são atores representando. Agora, se o ator não bota em cima disso uma dose de verdade, ainda que essa verdade seja até certo ponto precária, então o personagem fica vazio, fica idiota, não me convence.

*El Grande de Coca-Cola*, uma peça muito interessante, inaugurou o Teatro Augusta. Quando da segunda montagem, os produtores não conseguiram o patrocínio da Coca-Cola, então,

# TEATRO MODERNO
## APRESENTA

DE RONALD HOUSE
DIANE WHIT

**Una inolvidável parada de estrellas con Don Pepe Hernandez y su família.**

COM

**PAULO HESSE — JACQUES LAGOA — JORGE CERRUTI**
**ZÉLIA MARTINS — SULA MORENO**

DIREÇÃO: CARLOS DI SIMONI — PRODUÇÃO: VIRGÍLIO SIENA

## DE TERÇA A DOMINGO
# CAFÉ TEATRO ODEON
RUA SANTO ANTONIO, 1.000 – Tel.: 258-8006
AR REFRIGERADO

*Cartaz de* El Grande de Pepsi-Cola

ela virou *El Grande de Pepsi-Cola*. Era uma história muito divertida da família picareta de Don Pepe Hernandez que anuncia uma série de atrações internacionais e interpreta todas elas, desde o cara que engole fogo até o mestre de cerimônias. Sábato Magaldi criticou a peça, em especial o meu trabalho, e estava cobertíssimo de razão porque eu não me sentia muito confortável, tanto é que saí antes de terminar a carreira. Embora não seja um grande texto, era um pretexto para se fazer graça mas, realmente, não contava com recursos para ser um grande espetáculo e faltou uma direção mais brilhante. Nos apresentamos num espaço legal, um café concerto, o Café Teatro Odeon na Rua Santo Antonio, do Virgilio Siena.

Logo depois disso, fui convidado para *A Ideia Fixa*, uma comédia do Norberto Conti que inicialmente queria dirigir o espetáculo. Ele era casado com uma amiga nossa, levantou dinheiro pra montar essa peça sobre um funcionário de uma multinacional que tenta o suicídio atirando-se do 15º andar. Quem me indicou para o elenco foi Irene Ravache e fiz dois papéis, o Bombeiro no 1º ato e o Psicanalista no 2º. Na leitura, achamos tudo muito engraçado, a proposta de se fazer uma crítica ao imperialismo americano era interessante mas, realmente, o texto era muito

*Na peça A Idéia Fixa, com Sérgio Mamberti, John Herbert e Célia Coutinho, entre outros*

raso, não tinha substância, não era bem amarrado apesar do elenco que tinha John Herbert, Sérgio Mamberti, Ruthinéa de Moraes e Célia Coutinho. Mas o Norberto Conti se perdeu na direção, sentiu-se inseguro e Carlos Alberto Soffredini chegou para salvar a encenação. Mas a crítica em geral não falou bem não, segundo o Jefferson Del Rios, aquilo virou uma chanchada.

Fiz meus personagens dentro da linha que me foi proposta, tive que assumir o absurdo da situação, e como sempre coloco uns penduricalhos no texto, eu tinha uma cena hilária em que, como o Bombeiro, eu descia de um helicóptero. Eu subia na gambiarra do teatro e vinha descendo com uma corda, aí tinha um ventilador enorme atrás para dar ideia do helicóptero voando, eu chegava na altura da janela e me puxavam para dentro. Só que eu inventei que o bombeiro usava uma mão mecânica. No meio da cena, eu tirava uma chave de fenda do bolso e apertava os parafusos da prótese manual, o pessoal ria muito diante de tamanho *non sense*.

Logo em seguida, fui substituir Chico Martins em *Bent*, fazendo uma turnê por várias cidades. Meu personagem era o *Tio*. Uma peça densa e séria que se passava num campo de concentração. Tínhamos um tipo parecido, eu e o Chico Martins, tanto que quando vou ao supermercado, me confundem com ele e mandam beijos para *a minha esposa* a Etty Fraser, a viúva dele! Quem dirigia a peça era o Roberto Vignati, e fizemos temporada com o espetáculo em outras praças. Emendei *Bent* com o Ananias de *Tá Boa Santa?*, mais uma substituição, dessa vez do Sebastião Campos, a convite da Ivete Bonfá, minha amiga, minha irmã, ai que saudades tenho dela. A peça era realmente muito engraçada, foi dirigida pelo Álvaro Guimarães, e me diverti muito fazendo, ainda mais que eu estava com duas pessoas muito queridas ao lado, Ivete e Paulo Wolf, fazíamos um trio muito engraçado e a peça foi bem de público. Depois dessa, fizemos *Se Nureyev Pode, por que não Posso*, mas sobre ela falo mais adiante.

Um outro espetáculo nessa linha, parodiando Romeu e Julieta, foi *Pô Romeu*, em 85, com direção do Adriano Stuart. Cininha de Paula e Otávio Augusto estavam no elenco. Eu fazia o Shakespeare. A peça estreou no Sul com Odilon Wagner e quando voltou para uma temporada em São Paulo, eu assumi o papel. A história era hilariante e muito inteligente, mostrava Romeu e Julieta vivos, fugidos de Verona, casados há mais de 20 anos, o Romeu gordo, barrigudo, com uma filha drogada, e o Shakespeare revoltado com essa deturpação da obra-prima dele, a

*Com Yvete Bonfá e Paulo Wolf, em Tá Boa Santa?*

*Na peça* Tá Boa, Santa?, *com Ivete Bonfá e Paulo Wolf*

*Na peça* Pó, Romeu, *com Cininha de Paula*

maior história de amor do mundo. Fizemos uma temporada legal e quando ela se estendeu para o Rio, Odilon Wagner reassumiu o papel porque eu fui fazer novela.

Não vou pelo riso fácil, aliás, sou um péssimo espectador de comédia, sou muito sério assistindo a comédia. Com algumas interpretações eu realmente me surpreendo e me divirto porque elas vêm de uma verdade, de uma circunstância absurda, mas que foi feita pra valer. Não acho a mínima graça e não me divirto com um espetáculo em que as pessoas fazem a graça pela graça, não dou nenhuma gargalhada. Porque a comédia você tem que fazer a sério, preocupado com a estrutura do seu personagem, com a verdade dele. As situações pelas quais ele passa ou que ele cria é que tornam a coisa engraçada. Não dá para dizer *sou engraçado, esta cena vai ser engraçada e eu vou explorar esta coisa engraçada...*

Em 1986, fui chamado pelo Luiz de Lima para a montagem de um *vaudeville* de Feydeau chamado *Larga do Meu Pé*, interpretando o Fodoff ao lado de Sandra Bréa, Sandra Barsoti, Jonas Bloch, Claudio Mamberti, Esther Góes, Maria Lucia Dahl e a simpaticíssima Rosita Tomás Lopes – por onde andará minha querida Rosita Tomás Lopes? Era um elenco estelar, da qual fazia parte também

*Na peça* Larga do Meu Pé, *com todo o elenco*

a Daud, uma criatura linda, tão querida, que foi fazer uma bela carreira de cantora. Quem estreou neste espetáculo também, fazendo um papelzinho simpaticíssimo, foi Marcos Palmeira, com 21 aninhos, dando seus primeiros passos no teatro brasileiro. Enfim, uma equipe enorme, uma coisa maravilhosa, um espetáculo em três atos, com três cenários, inúmeros figurinos, música ao vivo, que deu em nada, uma catástrofe, por problemas de produção, problemas com a Sandra Bréa. Três meses ensaiando para ficar apenas um mês em cartaz, não deu nem tempo de os críticos verem. Maria Lucia Dahl, inclusive, chegou a mandar uma carta para o *Jornal do Brasil* acusando a produção de não pagar o elenco. Segundo ela, um dos produtores aparecia com os cheques e o outro não assinava.

Felizmente, assim que essa peça saiu de cartaz, recebi um convite de uma pessoa pela qual eu tinha muita admiração, muito carinho, embora nunca tivesse tido a oportunidade de trabalhar com ela, apesar de sua longa história no teatro brasileiro: Osmar Rodrigues Cruz, um encenador perseverante, que criou e dirigiu a maravilha que foi o Teatro Popular do SESI, um teatro de qualidade, oferecido gratuitamente, que privilegiava a discussão. Osmar optou sempre pela montagem de clássicos nacionais e

*Na peça* Larga do Meu Pé, *com Cláudio Mamberti e Esther Góes*

estrangeiros para suas encenações de sucesso. Era uma tranquilidade trabalhar no Teatro Popular do SESI, onde fiquei por quatro ou cinco anos, até o Osmar se aposentar depois de mais de trinta anos de trabalho lá dentro. Entrei nas montagens de *O Feitiço, Onde Canta o Sabiá* e *Confusão na Cidade*, que seria seu último espetáculo, em 1989. Ficávamos mais de um ano com cada trabalho.

*O Feitiço* era do Oduvaldo Vianna, um bom texto, um ótimo elenco, e revi pessoas com quem eu tinha trabalhado na EAD, Ana Maria Barreto, José Carlos de Andrade, e mais uma pessoa que eu gostava muito, que foi um amigão, um colegão de muito tempo, Roberto Azevedo. Além disso, eu atuava ao lado da Lia de Aguiar, de quem era fã desde garoto, tenho a impressão de que ela nunca tinha feito teatro, só televisão, foi a primeira e única peça de teatro que ela fez a convite do Osmar Rodrigues Cruz. E estava lá também a primeira-dama do SESI, que era nossa amiga, querida atriz e esposa do Osmar Rodrigues, Nise Silva, por quem eu tinha uma especial admiração, fez toda sua carreira ao lado dele. Então, era um elenco muito gostoso e enquanto tivesse gente para assistir, o espetáculo ficava em cartaz. Só tínhamos férias coletivas em dezembro, por vinte dias.

Na peça O Feitiço, com Anamaria Barreto, no Teatro do
Sesi

Em *Confusão na Cidade*, do Goldoni, eu interpretava o Tófolo Marmota, um garoto. Quando o Osmar me escalou, eu argumentei: *Osmar, você tem certeza que vou parecer um garoto em cena, nesta altura da minha vida?* Ele me respondeu que sim e realmente eu fazia me passar por um garoto sapeca que interferia na ação da história, um papel muito interessante, como todos que eu fiz no SESI, papéis bem diferentes e todos muito engraçados. É que Osmar Rodrigues Cruz pendia sempre para as comédias para atender ao gosto popular. Mas ele fez coisas muito sérias também, como *Hellen Keller*, que eu vi e que consagrou Berta Zemel como uma das maiores atrizes do Brasil, e *Noites Brancas*.

Como diretor, Osmar era muito meticuloso, rigoroso e centralizador porque trabalhávamos com o que ele escolhia, como ele queria e tal. Mas foi agindo assim que ele conseguiu levar por tanto tempo o Teatro Popular do SESI. A experiência de trabalhar com ele foi muito boa, eu nunca tinha passado por isso, por um elenco estável que permanece um ano e tanto fazendo o mesmo trabalho, com uma disciplina rigorosíssima. Nós tínhamos até uma tabela no teatro, ele impunha isso: um assistente dele acompanhava diariamente os espetáculos e qualquer coisa que por acaso destoasse, um atraso de entrada

*Na peça* Confusão na Cidade, *com Jorge Cerruti, no Teatro do Sesi*

em cena ou uma piada, ia para a tabela. Tanto que com ele eu não conseguia improvisar nada porque criaria um problema, um atrito. Fui para a tabela várias vezes, por outras razões, e uma vez por semana o Osmar chamava quem tinha ido pra tabela e fazia umas advertências.

Quando Osmar Rodrigues Cruz deixou o Teatro Popular do SESI, em 1991, num processo de aposentadoria compulsória, seu núcleo se extinguiu e todo o elenco foi dispensado. No ano seguinte, o SESI passou a trabalhar com um novo esquema, contratando vários diretores para tocarem vários projetos aprovados por uma comissão. Ou seja: parte dessa herança do Osmar continua porque os ingressos durante a semana são gratuitos, só se paga aos sábados. Ao mesmo tempo, abre-se espaço para que muitos outros diretores cheguem com propostas novas e perspectivas de trabalho para muita gente. Porque, dependendo de um projeto, você precisa de um músico, de um coreógrafo, um cenógrafo, um iluminador, um sonoplasta, o elenco. E ainda há o revezamento permanente de grupos e de propostas novas, essa abertura foi muito boa.

O SESI nos oferecia toda aquela segurança – havia lá uma estrutura, camarins confortáveis, uma equipe de camareiros, lavavam e passavam os figurinos toda semana, nos davam um lanche diariamente, um lanche reforçado nos fins de semana, você sentia-se protegido ali – mas vamos convir que apesar de ótimo era desgastante essa coisa de você ficar preso naquele horário, naqueles dias, de quarta a domingo, duas sessões aos sábados, duas no domingo, por um ano inteiro, feriados, há anos que eu não tinha um fim de semana para viajar, sair ou não fazer nada. Quando acabou, fiquei um tempo que não queria nem ver teatro, fiquei traumatizado com os apitos de primeiro sinal, segundo sinal, terceiro sinal, tanto que no ano seguinte resolvi viajar para a Europa, passei uma temporada grande lá conhecendo vários lugares, visitando pessoas.

Quando voltei, aceitei um convite para uma peça porque veio do Jaques Lagoa, um amigo da minha vida inteira, conheci Jaques nas fraldas do teatro, nós dois começando carreira nos idos de 60. Eu já estava com um pouco de saudades do teatro, do abre o pano, entra em cena, e fui integrar o elenco de *Pigmaleoa*, do Millôr Fernandes, com Glória Menezes de protagonista. Até então eu não tinha nenhum contato mais próximo com ela, tínhamos nos visto um pouco antes na casa do Ney Latorraca, quando fomos visitar a mãe dele, a Nena, que estava com problemas de saúde, e Glória demonstrou uma certa

*Na peça* Pigmaleôa, *com Glória Menezes*

insegurança com a peça. Obviamente, animei a Glória, falei que o Jaques Lagoa era uma pessoa querida, *light*, divertidíssima, um diretor competente, e que o elenco era muito simpático, tinha John Herbert, um excelente companheiro e amigo, ator brilhante, comediante de primeira qualidade. O produtor era Márcio Costa, que tinha feito anos atrás como ator a novela *Meu Pé de Laranja Lima*, trabalhei com ele na Tupi, era um ator prodígio muito talentoso. A partir desse encontro, Glória e eu ficamos amigos, ela frequentava minha casa e saíamos muito. Ela tem um filho que mexe com Zootecnia, trabalhava com reprodução e inseminação artificial de animais, me levou pra passarmos um dia na fazenda, próxima a S. Paulo. Foi um dia prazeroso.

O espetáculo, que levamos no Teatro Procópio Ferreira, num primeiro momento agradou porque era uma comédia elegante, com figurinos muito bonitos, cenário majestoso, com uma escadaria monumental que a Glória subia e descia de salto alto. Essa produção era um sonho do Márcio Costa, mas a crítica achou que a peça era datada, que ficou meio que localizada em Copacabana, que tinha envelhecido, enfim, apesar de que a Glória foi muito elogiada. Eu fazia um padre e até que tive sorte porque fui salvo da severidade dos críticos.

*Na peça* Pigmaleôa, *com o elenco*

*Salvam-se do conjunto Paulo Hesse no papel de um padre amigo de Esmênia, com quem está empreendendo uma grande obra assistencial, e também John Herbert, que criou um delegado de polícia visivelmente inspirado em Jacques Tatit.*

**Alberto Guzik, Jornal da Tarde**

*... Paulo Hesse dá um recado humorístico marcante...*

**Jefferson Del Rios**

*... John Herbert, que faz o delegado tímido, e Paulo Hesse, que faz o padre sacana, têm interpretações caricatas, ao que consta típicas das comédias de costumes de então. São hilariantes, ambos uma aula de interpretação à antiga.*

**Nelson de Sá, Folha de S. Paulo**

Depois dessa peça, fui chamado pelo Ben Hur, um produtor muito querido que fez algumas incursões como ator, e pelo Silnei Siqueira, que eu conhecia desde a EAD, para fazer um personagem em *Fim de Papo*, um texto do Marcos Caruso – aliás, o texto tinha sido batizado com vários outros títulos antes: *Saia Justa, Problemas*

*Já Temos os Nossos, Deixe o seu Recado Antes do Bip, Não Vem que não Tem, Os Bípedes, Quem Vai Dar a Vitamina do Osvaldo, O Último Cafezinho* e por aí vai. Fiquei animado, era um grupo legal, mais a Edí Siqueira, com quem eu tinha trabalhado em *Macbeth*, José Carlos de Andrade, Claudia Melo, mas, na verdade, o espetáculo foi muito mal, tanto de crítica, quanto de público, fizemos uma curtíssima temporada, lamentavelmente. O texto, como dizia Miriam Batucada, não era sapo nem peixe... Ainda liguei pro Caruso, queria saber qual era a proposta dele, seria teatro do absurdo? Nem ele lembrava, era a primeira peça que tinha escrito, a exemplo do *Dr. Zote* do Nery e de uma peça do Tennessee Williams de inicio de carreira, curta, inédita, com apenas dois ou três personagens, sem o *playwriting* que o fez famoso, enfim, nada a ver com os textos posteriores dele, o que nos faz crer que o texto era dele mas ele ainda não era o Tennessee Williams que conhecemos.

Sou fã ardoroso do Tennessee Williams, gostaria de ter feito um personagem escrito por ele, faz bem meu gênero, embora saiba que os grandes personagens dele são os femininos. É que no fundo, no fundo, ninguém me considerava um ator sério, dramático, me achavam extrovertido, leve ou leviano sei lá, tanto que fiz comédia a maior parte das vezes. Óbvio que não sonhava com as protagonistas mas queria estar naquele universo. Sonhava com isso, não aconteceu, o tempo passou e hoje que estou mais velho, só me resta o papel do Big Daddy de *Gata em Teto de Zinco Quente*, e olha lá.

Voltando o papo sobre o *Fim de Papo* quando fizemos o primeiro ensaio da peça do Caruso, tive a impressão que o texto não era para ser montado, nem para fazer uma carreira, mas como o Silnei Siqueira era apaixonado pela peça, não teve jeito e acabamos fazendo com o maior empenho. Teve o lado prazeroso do reencontro com amigos, o Ben Hur carinhoso como produtor, Silnei Siqueira um doce de pessoa, mas a peça foi muito mal.

*Enlatados entre a insatisfatória dramaturgia e a direção oscilante, o elenco rende pouco. Bons atores como Paulo Hesse fazendo Dantas e Edi Siqueira fazendo Érika não vão além da caricatura da superfície dos personagens.*

**Alberto Guzik, *Jornal da Tarde***

*Silnei Siqueira, que é um diretor também meticuloso, não deixa escapar nenhuma indicação, e Paulo Hesse, que sempre foi um comediante fino e pouco aproveitado, encontra o terreno fértil para sua versatilidade junto com Edi Siqueira.*

**Carmelinda Guimarães, jornal *A Tribuna de Santos***

Mas para comprovar que a desgraça nunca vem e permanece, ela é efêmera como o sucesso, fui chamado para um outro texto do Marcos Caruso, dessa vez em conjunto coma Jandira Martini, *Sua Excelência o Candidato*, que havia feito um enorme sucesso de público e critica em sua primeira montagem. O convite veio de Bibi Ferreira, Fúlvio Stefanini e do nosso querido Sérgio Dantino que voltavam com a peça aproveitando que o ano era de eleições. Aliás, trata-se de um texto tão oportuno que deveria ser montado todos os anos para mostrar o lado sujo da política brasileira. O espetáculo foi um sucesso em todas as montagens.

Na versão que eu fiz, deliciosa, por sinal, Bibi Ferreira reuniu um elenco muito homogêneo. Foi o primeiro contato que tive com ela no teatro. Ela queria um elenco de vozeirões, gostava da sonoridade das vozes, tanto que lá estavam Carlos Capeletti, Fúlvio Stefanini e Serafim Gonzáles. Considero esse trabalho com Bibi um cursinho intensivo de bom teatro porque ela tem um método todo especial para ensinar, dirigir, movimentar e trabalhar os atores, o processo que ela usa é maravilhoso. Abre umas janelas que você não tinha usado em outras montagens e vai te dando novos estilos de direção. Porque ela cuida muito bem da interpretação de cada um, dos tempos, das intenções, das reações, da movimentação.

Bibi é maravilhosa, trabalhou com os maiores atores do Brasil, numa época em que o teatro contava com poucos recursos, em que os métodos eram muito diferentes dos atuais, enfim, ela modernizou, burilou seu método de trabalho e alcança excelentes resultados com os atores. A crítica elogiou muito a sátira política, o texto do Marcos Caruso e da Jandira Martini e também o meu trabalho.

*Paulo Hesse tem uma atuação que há muito não se vê em um personagem secundário. Mesmo naqueles momentos de farsa em que é obrigado a fazer número, ao fundo do palco, não deixa de atuar. Está em cena sempre.*

**Nelson de Sá, *Folha de S. Paulo***

*Bibi Ferreira é mestre de um teatro correto técnico sem medo de conduzir pelos caminhos tradicionais da dramaturgia cômica. Pode não ser vanguardista nem pós-moderna, mas dá um banho de talento e criatividade utilizando-se dos mecanismos convencionais de interpretação. Agora, mais assessor de político do que Paulo Hesse, que faz o Atos, nenhum candidato encontra no mercado, ele dá um show. Se algum político esquecer a campanha por uma noite, e resolver assistir à peça, é certo que no final do espetáculo passará pelo camarim para contratar Hesse como seu assessor. Hesse acaba roubando a cena até mesmo de Carlos Capeletti, que faz o Eurípedes, o mordomo, um personagem com maiores possibilidades de gafes e trejeitos, com uma interpretação fina e irônica. O Atos de Paulo Hesse penetra no inconsciente do espectador e o transplanta para a realidade que deveria sempre também nos fazer morrer de rir ainda que doa. Afinal esse é o retrato da vida política brasileira e somos todos as vítimas destes malabaristas do poder.*

**Delmar Marques,** *Shopping News*

Acho que essa crítica do Delmar Marques representa um dos melhores elogios que recebi durante essa temporada e talvez da minha carreira toda. Porque ele foi de uma generosidade... Ou seja, eu continuava na cabeça dele quando ele escreveu essa crítica que, aliás, me trouxe um pequeno problema de bastidores, porque o Capeletti, com quem eu tinha trabalhado no programa do Jô Soares e no teatro do SESI, éramos colegas de camarim, dizia que eu tinha comprado o crítico, vejam só. Felizmente, nem pressenti esse tipo de mal-estar e só fiquei sabendo dessa história tão absurda quando a temporada terminou e ele, realmente, se declarou meu inimigo. Babaquice, idiotice dele.

Só sei que o trabalho com Bibi me enriqueceu bastante e tive a sorte de voltar a trabalhar novamente sob a direção dela em *Viva o Demiurgo*, do Paulo Pélico, no papel de Seu Ernesto. Esse texto concorreu a um concurso de dramaturgos do SESI e ganhou o primeiro prêmio. Paulo era meticuloso, muito carinhoso, cuidadoso, e reuniu um elenco de primeira para essa peça, tanto que convidou Bibi Ferreira para a direção. Apresentamos a peça em 98, no Teatro Hilton.

Demiurgo era o deus da criação, fui pesquisar a palavra. E o texto colocava em cena a inquietação, os conflitos de um autor em contrapartida com seus personagens. Lembrava, ainda que vagamente, *Seis Personagens à Procura de um Autor*, de Pirandello, em que o autor discute com seus personagens o caminho de cada um. Nesse caso do Demiurgo, Paulo Pélico conta a história de um autor que sonha em fazer um grande texto que levante uma bandeira, defen-

*Na peça* Viva o Demiurgo

dendo o miserável, o homem do campo, então, ele cria um núcleo de personagens que ganham corpo e ação, brigam entre si, entram em cena e dialogam com ele: *Você tem que valorizar o meu personagem porque, nesta determinada situação, eu teria agido de outra forma...* O autor resolve então transformar a peça em um seriado de televisão para que fique mais comercial e reúne novamente aqueles personagens desse universo fantasioso. Os personagens, que nem conhecem televisão, se rebelam: *O que é que nós vamos fazer na televisão? Olha, podemos até ir, mas não quero que mexa comigo nesta e naquelas questões, tá?* E no meio do caminho, alguém sugere ao autor que transforme o texto em roteiro de cinema, enfim, os personagens querem ser gente, querem viver, ter uma identidade definida porque só começarão a atuar na medida em que sejam colocados de fato em alguma coisa. Era um texto muito interessante e achei Paulo Pélico muito talentoso.

*Também Paulo Hesse defende com empatia seu papel no plano imaginário da peça. São dois planos: a realidade do escritor com sua mulher executiva, e a imaginação do escritor com seus cinco personagens.*

**Nelson de Sá, *Folha de S. Paulo*, setembro de 1998**

NOTA FINAL

Paulo:

Voce empresta sua experiencia e Talento `a qualidade do nosso espetáculo. Um bijo, parabens e obrigado

Paulo Afonso
(021) 552-3311

e

Bibi.
10/11/98

*Aviso de Bibi Ferreira, em noite de estreia*

*O veterano Paulo Hesse, formado pela EAD e
tarimbado ator de comédias de sucesso está no
palco ao lado dos excelentes...*

**Alberto Guzik, Jornal da Tarde, setembro de
1998**

*E as criaturas, tal como seu autor, são capazes de
qualquer golpe baixo para manter-se em evidên-
cia. O plano imaginário, que é o das criaturas,
na qual o artista dialoga com seus famélicos
companheiros, é bem mais interessante do que
o plano do cotidiano, onde vivem a namorada,
o agente teatral e um diretor.*

**Mariângela Alves de Lima, O Estado de S.
Paulo, setembro de 1998**

Não passei pelo Arena nem pelo Oficina, mas
o Tapa eu vi crescer, assisti ao primeiro espetáculo quando eles vieram do Rio para São Paulo
e gostei do trabalho, do grupo dos atores, da
direção, enfim, da proposta deles. Vejam o belo
exemplo do Grupo Tapa, que na verdade não é
mais tão novo, já passou dos 30 anos. Sua trajetória no cenário artístico nacional é de suma
importância, ele não fica devendo nada ao Teatro Oficina, ao Teatro de Arena, que resistiram a
um período negro da política sendo valorosos e

coerentes com eles mesmos. O Tapa veio depois disso tudo, quando já havia a abertura política, mas chegou com uma seriedade tão grande quanto os anteriores, com um repertório da melhor qualidade. Eduardo e a mãe, Dona Lola Tolentino, uma paixão pelo teatro que emociona compartilhar. Eu cheguei a pensar: *Meu Deus, será que nunca vou passar pelo Tapa?* E acabei dando a sorte de passar pelo Tapa sim, em 2003, ainda que em uma substituição novamente ao Chico Martins. Ele estava na peça *A Importância de ser Fiel* quando teve que se afastar por um problema de saúde que o levou à morte. Etti Fraser, esposa dele, que também fazia parte do elenco, deve ter me indicado para o Tolentino e então entrei no lugar do Chico. Não era um papel maravilhoso mas valeu pela experiência de estar com o grupo, de conviver com eles, um elenco de primeira qualidade. O espetáculo fez tanto sucesso que fizemos uma temporada de três anos.

Em 2006, fui trabalhar em outra peça que também de deu o maior prazer, *O Inimigo do Povo*, de Ibsen, em que eu interpretava o prefeito Peter Stockmann. Foi um trabalho delicioso por conta do texto, um jogo político entre dois irmãos, um que é o Prefeito da cidade e o outro, Tomas Stockmann, que é o médico sanitarista

*Todo o elenco de* A Importância de Ser Fiel

*Com equipe e elenco da peça* O Inimigo do Povo

do balneário. Voltas que a vida dá. Lá atrás, no meu início fiz *Peer Gynt*, outra grande obra do Ibsen e voltei a reencontrá-lo recentemente. No balanço que fiz, posso até dizer que com ele fiz meus melhores trabalhos no teatro. Considero que esse texto deveria ter carreira permanente, ser até matéria obrigatória nas escolas tal a importância da discussão política e humanística que ele propõe. Ajudaria muito na educação e discernimento do que é idealismo e jogo sujo. E analisando o nosso *hoje*, pensar que a peça foi escrita há alguns séculos . Trabalhei com jovens talentosos como Julio Machado, Fernando Pavão e o excelente companheiro Olair Coan. Tive o maior orgulho em fazer esse trabalho. A direção foi de Sergio Ferrara.

# Capítulo X

## Televisão, Consequência Natural

Por volta de 1973, 1974, criou-se em São Paulo a Apetesp – Associação dos Produtores de Teatro do Estado de São Paulo. Começou com um pequeno grupo, e como eu estava sempre envolvido nos acontecimentos que rolavam tanto no sindicato como fora dele, participei das primeiras reuniões, embora não tivesse nada a ver com produção, nunca fui produtor, lamentavelmente. Numa dessas reuniões em que estavam sete ou oito pessoas, fizeram uma votação para criar o corpo diretivo da Apetesp e Eva Wilma aceitou o cargo de presidente. Como ela precisava de um secretário para assessorá-la, alguém sugeriu meu nome e embora eu dissesse que não sabia secretariar coisa alguma, topei e como o contato com a Vivinha foi se estreitando, eu ia encontrá-la na TV Tupi onde ela era a estrela, fazia uma novela atrás da outra.

Nessas ocasiões, quando alguém da emissora me cutucava para ir fazer televisão, eu logo respondia que faria sim, com muito gosto. Eu já tinha no meu currículo diversos trabalhos no teatro mas para fazer televisão, queria com contrato, eu sabia dos macetes, dos bastidores.

Numa dessas visitas à Tupi, encontrei Aldo César, que fazia a produção de elenco. Ele me chamou e me ofereceu três capítulos da novela *O Machão*, já tinha me indicado para o Luiz Galon. Fiquei em dúvida de fazer somente três capítulos de uma novela, se aparecesse outro trabalho não iam querer me chamar porque eu tinha acabado de fazer uma participação, ia confundir, aquela coisa... Só sei que comentei isso com a Vivinha e com o Carlos Zara, que na época era superintendente da TV Tupi, ele até brincou:

–*Você vai, faz três capítulos, acerta o cachê, outros capítulos virão.*

258 Meu sonho era fazer uma novela séria, eu não queria fazer comédia, preferia recusar os três capítulos e esperar um convite para entrar em uma novela, da Ivani Ribelro por exemplo. É o que eu pleiteava. Foi quando o Zara me respondeu que eu era um ator muito leve, um ator histriônico, ele quis dizer que eu não tinha peso para papéis dramáticos. Ainda brinquei:

– *Por isso não Zara. Eu faço um regime e engordo, se a questão é de peso...* ele achou engraçado. Mas, ao mesmo tempo, me fez uma promessa de que quando tivesse um papel adequado, me chamaria. E na verdade, em novela praticamente só fiz comédia, até hoje nunca fiz o papel dos meu sonhos, porque na televisão te catalogam, te carimbam, os atores vão meio que repetindo os papéis porque assim não arriscam, a televisão é uma indústria, não é como teatro em que você pode fazer um velho, uma criança, um débil mental, um padre, um rei, um mendigo.

Se me perguntassem o que me deu mais dinheiro, se teatro, cinema ou televisão, acho que todos deram menos do que eu merecia ganhar mas a televisão te proporciona mais segurança, embora te absorva mais. É que na televisão você faz um contrato e sabe que durante seis, oito meses, vai receber um salário, 13º e férias proporcionais, às vezes você tem um plano de saúde. No teatro, você ensaia, a peça estreia e pode ficar ou não em cartaz. Se faz um espetáculo que dá certo, que dá um retorno financeiro muito grande, e o espetáculo atravessa um ano, dois em temporada, te permite viajar, isso acaba te dando mais dinheiro do que uma novela. Mas nunca tive a sorte de fazer um contrato longo com a televisão, de ter a oportunidade, como muitos atores têm, de fazer um contrato de dois anos, e renovar automaticamente por mais dois e mais dois e de ficar, de repente, trabalhando sob contrato por anos a fio.

A primeira novela que fiz foi *O Machão*, na TV Tupi, isso em 74, que o Sergio Jockyman escreveu baseado na peça *A Megera Domada*, do Shakespeare. A direção era do Luiz Galon. Por esse meu primeiro papel na televisão, o do Dr. Valcourt, recebi o prêmio da Associação Paulista dos Críticos de Arte de ator coadjuvante. Entrei para fazer apenas três capítulos e quando terminou, o Jockyman e o Galon confabularam e acharam que tinham que me segurar na novela. Como a novela se estendeu por mais de 200 capítulos, ficou um ano e meio no ar, continuei ganhando cachê por capitulo. Por sorte, como eu entrava em quase todos os capítulos, acabei eventualmente ganhando até mais do que alguns que tinham contrato fixo.

Só que eu achava que ao terminar a novela, a TV Tupi ia me chamar e me oferecer um contrato por dois anos, era essa a minha expectativa. Mas, terminada a novela, fui escalado para a seguinte, *O Sheik de Ipanema*, que era do mesmo autor e no mesmo horário e acabei fechando um contrato por obra. Foi assim a vida toda, inclusive nos trabalhos que fiz na TV Globo. Me lembrei de um versículo da Bíblia que diz: *Muitos serão chamados e poucos os escolhidos*. Aí considerei: que fazer? Eu fui chamado mas não fui escolhido...

Depois de *O Machão* e *O Sheik de Ipanema*, fui chamado para o elenco de *O Velho, o Menino e o Burro*, em que não fiz nem o velho, nem o

*Na novela* O Sheik de Ipanema, *com Luiz Gustavo, Casarré e Vera Paxye, na TV Tupi*

*Novela O Velho, o Menino e o Burro, na TV Tupi, onde fazia o padre*

menino, e nem o burro, mas sim o Padre Pinto que era muito engraçado. Eu fazia rir mesmo, tinha uma empatia muito grande com as crianças. O velho era o Dionísio Azevedo e o menino era aquele bonitinho, sardentinho, Douglas Mazolla. O burro era o que mais ganhava, o cachê dele era altíssimo, maior do que os nossos. Donde se conclui que cabe aí um trocadilho: *O cachê do burro era alto pra burro!* É que quando se contrata um bicho para uma novela, um cachorro, um cavalo, a vaca sagrada da novela *O Caminho das Índias*, por exemplo, tem que se pagar aquela mão de obra toda, uma caminhonete ou caminhão, o cara que toma conta do animal, o outro que lava o bicho, o que alimenta. O animal exige uma produção caríssima. O mesmo acontece quando tem que ter um carro para uma novela de época. Você tem que arranjar um colecionador que tenha um determinado modelo, que ceda o carro para a produção, tem que fazer a manutenção do carro que tem que estar limpo, bonito, conservado, tudo isso é muito caro.

A única vez em que me envolvi com teatro infantil foi na peça *Lucia Elétrica de Oliveira*, da Claudia de Castro, uma atriz colega nossa, com talento também para escrever – ela fez alguns textos para adulto e esse infantil que me chamou pra dirigir. Eu já tinha feito alguns trabalhos de direção que não tinham nada a ver com teatro infantil, nunca aceitei nenhum convite para fazer teatro infantil, mesmo porque sempre achei que você tem que ter uma certa didática para mexer com a cabeça da criança, não pode pegar só o lado fácil, onírico e colorido do texto, portanto, não fiquei muito entusiasmado com o convite. Mas acabei gostando da experiência de dirigir alguma coisa voltada para o público infantil.

A peça tinha um elenco muito simpático. Eudosia Acunã e Pedro Soares Fogaça, o pintor. Procuramos montar com atores já profissionais, fez uma bela carreira mas acabou sendo minha primeira e única incursão em teatro infantil. Nós nos apresentamos no auditório do Colégio Nossa Senhora da Paz, na Rua do Glicério, com espetáculos diários às 14 horas. Isso foi em 73 e no ano seguinte, como comecei a trabalhar em televisão, deixei os palcos por algum tempo.

Na Tupi, fui emendando um trabalho com outro, tanto que fiz seis novelas seguidas na emissora. Meu 4° trabalho lá foi *Cinderela 77*, novela de Walter Negrão e Chico de Assis em que eu fazia Camaleão, o Magnífico, desmembrado em quase 20 personagens diferentes. Era o lado fantástico da novela e meu personagem era muito rico exatamente por causa dessas características. O

*Na novela* Cinderela 77, *da TV Tupi*

*Na novela* Cinderela 77, *da TV Tupi*

Camaleão ia se disfarçando, tentando se passar por outras pessoas, tanto que por conta disso eu interpretava um ventríloquo, um *sheik*, um zorro, um *gangster*, um motorista, um instrutor de natação, tinha cenas muito engraçadas. Meu par amoroso era a Safira Meu Bem,vivida pela atriz Silvana Lopes. Nos dois éramos os queridinhos da história. Só que na hora de interpretar o instrutor de natação, eu tinha que fazer uns malabarismos e saltar do trampolim, com um porém: não sei nadar. Conversei com a produção e acabamos adaptando a cena. A mesma coisa nas cenas do motorista, porque eu não sabia dirigir, não tinha carta de habilitação. Aí foi complicado porque a produção teve que providenciar um carro em que o proprietário ficava abaixadinho nos meus pés, pisando nos pedais, acelerando ou freando o automóvel, enquanto eu enganava na direção.

Aliás, foi exatamente por não saber dirigir que tive que deixar o elenco de uma pornochanchada. Tínhamos acertado contrato, valores, datas até que numa reunião com o diretor, me falaram: *Paulo, você vai ter uma cena espetacular, em que pega o carro e vai para o Guarujá porque descobre que sua mulher está com um amante. Aí, na descida da Serra, na Via Anchieta, você cruza com o carro dela que está voltando, então, faz um cavalo de pau e volta perseguindo ela...* Eu então, calmamente, respondi: *Só tem um problema, meu amigo, e vou ser honesto: não dirijo automóvel. Vocês não me perguntaram isso e eu também não podia saber que íamos ter essa cena espetacular, de perseguição na Via Anchieta.* A solução para esse impasse seria a contratação de um dublê para as cenas de maior ação mas como a produção teria que mudar todo o esquema, o diretor lamentou e eu mais ainda porque perdi o papel e o salário por não saber dirigir. Tanto que no ano seguinte me matriculei rapidamente em uma autoescola porque o ator tem que fazer tudo: dirigir, cavalgar, *esgrimir*, nadar. É claro que você não é obrigado a saber tudo, porque muita coisa você pode ensaiar, se preparar para isso, e também há outras soluções técnicas, mas nesse caso especifico, fui correndo tirar carta, até porque queria ter meu carro. Com um detalhe: de lá pra cá, nunca mais fui chamado a fazer cenas de direção, uma piada.

Cavalgar, aprendi na marra quando era assistente de produção e direção do Fabio Sabag, na Globo, e passamos a gravar no Rio a novela *A Cabana do Pai Tomás*. É que tínhamos uma cena em que o personagem do Sérgio Cardoso estava numa carruagem e tinha uma visão da mãe cavalgando nos prados, ela toda de branco, com uma roupa esvoaçante, um véu a cobrir todo o rosto, uma visão fantasmagórica. Fomos para um lugar bem ermo na Barra da Tijuca, que na época ficava no fim do mundo, e preparamos toda a cena, só que o dia estava úmido, chuviscava e a pessoa escalada para fazer a visão da mulher cavalgando não apareceu. Era uma cena complicada, porque tinha que coordenar a passagem da carruagem com a mulher ao fundo, cavalgando de lá prá cá, de cá pra lá. – *Quem vai fazer a cena?* Sobrou pra mim: – *Paulo, você vai ter que cavalgar. Mas eu não cavalgo,* ainda respondi. – *Não faz mal, o cavalo é mansinho, você vai seguindo as instruções.*

269

Então, montei o cavalo, uma câmera aqui, outra câmera lá, tínhamos que trabalhar por sinais porque a mulher aparecia bem distante, a garoa foi pesando no véu, o véu não esvoaçava porque foi ficando molhado, o pessoal gritando – *Paulo... balança o véu... tem que esvoaçar o véu... esvoaça, esvoaça...* e eu cavalgando com uma das mãos e com a outra jogava o véu de um lado pro outro pra esvoaçar, o véu subia e descia, caía de um lado pro outro, numa dessas espantou o cavalo que saiu numa correria, pegou uma estrada e foi embora, um pavor, eu achava que ia me quebrar inteiro em plena cavalgada, até que o pessoal da produção veio correndo em outro cavalo e em carros, cercaram o bicho e ele parou. Ou seja: aprendi a cavalgar na marra e perdi o medo...

Nadar não aprendi até hoje. Quando preciso fazer uma cena nadando, dou umas braçadas, faz-se um *close* e pronto, se tiver que nadar mais de um metro eu me apavoro, ainda mais quando não dá pé.

Quando *Cinderela 77* terminou, Altair Lima, que estava remontando a peça *A Infidelidade ao Alcance de Todos*, me chamou para o elenco. Fizemos uma temporada em São Paulo, no TBC, e depois viajamos para o Sul, fizemos várias cidades. Interessante observar que na época a TV Globo não tinha essa penetração que tem hoje, não tinha coligadas, retransmissoras, mas estava em pleno vapor dominando Porto Alegre. Quando passamos por lá, Rosamaria Murtinho, que estava na peça, foi muito assediada. Em Florianópolis, entretanto, onde a Tupi era líder absoluta, as pessoas vinham é em cima de mim, porque eu tinha feito uma coisa atrás da outra na Tupi e lá a Globo mal entrava, era engraçado sentir a diferença da massificação que a televisão faz.

A novela *Salário Mínimo*, infelizmente, do meu ponto de vista, não foi bem. A dupla Chico de

*Na peça* A Infidelidade ao Alcance de Todos, *com Leila Cravo e Altair Lima*

Assis e Walter Negrão tinha feito novelas ótimas na Tupi, seguramente, porque eram muito competentes, se davam muito bem, e faziam muito bem suas histórias. Mas, se não me engano, nessa época, 78, o Chico estava com acúmulo de funções e como não existia uma equipe de colaboradores de texto, como existe agora, o texto tinha algumas falhas. Uma novela não pode ter bifes – grandes trechos de falas no meio de um diálogo – um personagem fazendo discurso, por exemplo. E na novela, virava e mexia, todo elenco ficava reunido numa cantina da história e um dos personagens fazia discurso, ou dois discutiam, e os outros não tinham muita função na história. Então foi uma novela que eu não gostei de ter feito e quando acabou não senti nenhuma saudade, estou sendo honesto.

Foi um grande prazer ter feito *As Gaivotas*, porque o texto tinha uma dramaturgia de altíssima qualidade. Dr. Alfredo Mesquita e Jorge de Andrade eram muito amigos, então, gravamos externas na fazenda do Dr. Alfredo, semana sim, semana não íamos para lá gravar todas as cenas do bloco de capítulos. E gostei de trabalhar na TV Tupi que era líder de audiência no Brasil, a TV Globo corria atrás dela a passos largos. Era uma emissora gostosa de trabalhar, eu gostava muito dos colegas e da equipe, mas as condições eram sempre bem mais precárias do que diziam. Como nós não tínhamos ainda a regulamentação da profissão de ator, não podíamos exigir limites para jornada de trabalho semanal, por exemplo – eles te escalavam para o dia e a hora que quisessem e a equipe e os atores tinham que estar à disposição.

O trabalho de uma novela é insano. Começa com quem escreve, que tem que manipular 40 a 70 personagens em média, cada um com uma característica. Quando chega a hora de gravar, são 40 cenas em um dia, seis capítulos por semana, cada capitulo com 40 páginas, e repassa a cena com o ator que vai cuidar da característica do seu personagem e estudar suas cenas em casa, pega os capítulos e lê, relê, anota, faz uma observação, dá uma ajeitadinha no texto, troca uma palavra ou outra para o texto sair mais fluente, enfim, é um processo tão dinâmico que o ator entra, faz o que tem que ser feito e pronto. Agora me parece que na televisão o esquema mudou, como são equipes de quatro ou cinco diretores em uma novela, eles estudam a linha dos personagens, não fica só naquela coisa de três câmeras, você entra por aqui, senta ali e fica em pé acolá.

Quando a Tupi ficou mal das pernas e fechou melancolicamente, a TV Bandeirantes quis absorver seus profissionais e implantar um núcleo de teledramaturgia. Os Saads fizeram alguns investimentos e embora já tivéssemos conquistado a regulamentação da profissão de ator, as condições não eram as melhores, a história era sempre aquela: *Temos que investir nisso porque a médio prazo vamos abrir um campo que será fértil, etc e tal*. Acabei fechando contrato pra rodar *Dulcineia Vai à Guerra*, que foi um prazer ter feito porque contracenei com a grande e divertida Dercy Gonçalves, além de um elenco maravilhoso. A supervisão e a produção da novela eram do Avancini, o texto do Sergio Jockyman e a direção do Henrique Martins. Meu papel era muito divertido e trabalhar com a Dercy era ótimo. Como ela só tomava conhecimento do que tinha que gravar no dia e na hora da gravação, o Henrique Martins tinha um assistente só pra dar as falas da Dercy. Eu sempre levava muito bem decorado o meu texto que era para não me perder nos improvisos que ela fazia.

Como a televisão tem um ritmo muito rápido, não dá para ficar uma hora ensaiando uma cena, então passava-se a cena com o texto e a marcação, davam o texto para ela, passava-se mais uma vez a cena rapidinho e aí ela já mudava uma coisa ou outra. Enquanto subiam para a suíte para o ensaio com as câmeras, eu dava para ela alguns toques. Só sei que com esse convívio, aprendi a

*Na novela* Dulcinéia Vai à Guerra, *na TV Bandeirantes*

improvisar, até porque às vezes a Dercy falava umas coisas que não tinha nada a ver. Enfim, eu acabava decorando o meu texto e o dela, fazia o trabalho maior do que devia para que ela não engolisse minhas falas.

Alguns anos depois, o sonho da Bandeirantes de montar um núcleo de teledramaturgia não foi pra frente, o campo de trabalho fechou e eis que surge Silvio Santos, que tinha comprado o espólio da TV Tupi, com a mesma ideia. Quem supervisionava esse núcleo era o Crayton Sarsy, que havia sido meu colega na EAD. Enfim, começaram a produzir e eu fiz então *Meus Filhos, Minha Vida*, em que meu personagem era o Camargo, funcionário bonzinho de uma oficina de costura que era casado com a personagem da Ivete Bonfá. Miriam Pires é que fazia aquela mãe sofrida, que trabalhava para sustentar a casa e tal. Foi uma novela interessante, gostosa de fazer mas sempre com aquele mesmo discurso de *estamos abrindo um campo de trabalho, vamos fazer uma primeira novela, se der certo faremos uma segunda... Você quer contribuir? Quer vestir a camisa da empresa?*

Vesti varias camisas com seus respectivos *logo-tipos*. Confesso que hoje cansei. Nessas horas, muitas vezes deixo de aceitar um trabalho para não ficar amargurado depois. Tem uma fala do

*Presente no aniversário de 60 anos, ganhado de Crayton Sarzy*

Shakespeare que adotei como lema: *O que se conquista é nada se realizamos o desejo sem prazer.* É verdade pura.

Em 1984, fui chamado pelo Antonino Seabra para integrar o elenco do *remake* de uma novela que foi sucesso no rádio, *Jerônimo, o Herói do Sertão*, escrita por Henrique Lobo e Creyton Sarsy para o SBT. Eu fazia o Dr. Pileque, que se fazia passar por um bêbado irresponsável mas que, na verdade, era o amigo leal e protetor do mocinho Jerônimo – era, se assim posso dizer, o co-herói. A novela resultou muito interessante porque tinha ritmo, muita ação e caiu no gosto popular.

Voltei para o SBT apenas em 1987, a convite do Luciano Calegari, para fazer o programa humorístico do Jô Soares, *Veja o Gordo*. Era ideia deles formar um elenco de atores e comediantes e realmente o *cast* ficou muito grande, alguns nomes vieram do Rio. Foi uma época muito boa de trabalho, de vacas gordas, por assim dizer, porque fiquei quase cinco anos contratado pelo teatro do SESI e simultaneamente três anos com o Jô, com quem eu gostava muito de trabalhar. O Jô é de uma elegância, uma camaradagem, mas com ele você é sempre um coadjuvante. Ele tem uma vaidade intrínseca, digamos assim, e como tem volume físico grande, a vaidade fica do

*Na novela* Jerônimo, *no SBT*

tamanho dele. Mas é muito gentil, carinhoso, colega, amigo e muito divertido e me permitia experimentar. Eu dizia: *Jô, vou fazer esse marido traído agora numa outra linha, posso fazer?* Ele topava e era um exercício maravilhoso. Além disso, a produção era muito bem cuidada, havia um bom salário e o tratamento de primeira qualidade.

Deixando o programa do Jô, ganhei uma oportunidade de ouro, em 1994, ao integrar o elenco de *Éramos Seis*, romance da Sra. Leandro Dupré adaptado por Silvio de Abreu e Rubens Ewald Filho, com direção do Nilton Travesso e Del Rangel. O SBT estava tentando reabrir pela terceira ou quarta vez seu núcleo de dramaturgia e havia todo um entusiasmo na emissora por estar oferecendo mais oportunidades de trabalho. E realmente a novela foi um sucesso porque recebeu um cuidado todo especial por ser uma novela de época e por se tratar de uma história linda, muito bem escrita, contada e adaptada pelo Rubinho e pelo Silvio de Abreu e com um elenco maravilhoso. Nessa versão, Irene Ravache fazia a mãezona e Jussara Freire era a tia Clotilde. Estavam no elenco também Denise Fraga, Jandira Martini, Nathália Timberg fazendo a tia Emilia e eu como o mordomo dela e das filhas, o Higino.

*Programa* Veja o Gordo, *com Jô Soares e Suzy Arruda*

Terminado esse trabalho, continuei no SBT emendando com *Razão de Viver*, com o mesmo núcleo de direção e um elenco muito interessante. Foi nesse trabalho que voltei a trabalhar com Joana Fomm, eu e Joaninha tínhamos feito muito tempo antes, lá pelos anos 80, um especial com o genial Ozualdo Candeias na TV Cultura, chamado *O Desconhecido*. O detalhe é que essa novela ia ser escrita pela Regina Braga mas quando ela mandou a sinopse, pediram uma 2ª, e uma 3ª versões até que chegaram à conclusão de que deviam mudar era o autor mesmo, tanto que chamaram Analy Alvarez e Zeno Wilde. Era uma novela contemporânea com Sebastião Campos, Irene Ravache novamente fazendo uma mãe com filhos problemáticos, e era justamente o conflito entre duas famílias que a novela abordava, gostei muito.

Interpretei mordomos em três novelas – *Dulcineia Vai à Guerra*, *Éramos Seis* e *Razão de Viver* – acho que me daria bem nesse tipo de trabalho. E o interessante é que nessa última novela, três grandes atores faziam os empregados da megera Iara que era a Joana Fomm. Eu era o Humphrey, que mais parecia um *lord* inglês e fazia tudo para agradar a patroa. Como a mãe era doidona por cinema, ele havia sido batizado de Humphrey Casa Branca da Silva, em homenagem ao ator

Humphrey Bogart e ao filme *Casablanca*. Elizabeth Hartmann era a governanta que vivia pegando no pé dos subalternos e Eliana Rocha, uma outra serviçal espalhafatosa, Roseli, que não dispensava uma boa fofoca. O figurino dela era muito divertido, com brincos extravagantes e calça de *lycra* grudada no corpo. No começo da novela ela vira até macumbeira para ver se o mordomo Humphrey largava do seu pé. Eu, quer dizer, ele não largou e ela acabou perdendo o emprego na casa da Joana Fomm.

Foi então que recebi um chamado do Jaques Lagoa, que eu particularmente chamo de Jaques Pocinha, que ia fazer na Record a minissérie *Direito de Vencer*, uma história dirigida por Atílio Riccó e escrita por Ronaldo Ciambroni, um belo amigo. Ronaldo criou quando mocinho o monólogo da *Donana*, que é uma senhorinha abandonada pela vida e pela família, ele emocionava a todos com o personagem, a peça foi uma das mais premiadas dentro e fora do país. Mas o tempo foi passando, Ronaldo envelhecendo e brinco que ele precisa rejuvenescer porque hoje já tem mais idade que aquela personagem.

Em seguida, fui convidado pelo Avancini para trabalhar na TV Manchete, que estava com um bom núcleo de dramaturgia em funcionamento. A novela era *Mandacaru* e aceitei com o maior prazer por se tratar do Avancini e ser no Rio de Janeiro. Foram uns seis ou sete meses em que encarnei o Ferreirinha, proprietário de uma casa de *shows*, ele é que cuidava das quengas do lugar. A novela se passava numa região do Nordeste na época do Lampião e da Maria Bonita e o Ferreirinha é aquele que vem de fora, se instala e acaba se envolvendo com as tramas todas. Foi muito gostoso ter feito a novela que marcou praticamente a despedida da TV Manchete. Tem umas coisas engraçadas na vida da gente, estou aqui pensando. É que eu fiz a última novela da Tupi, que fechou bruscamente um mês, um mês e meio depois. E quando fui para a TV Manchete, aconteceu praticamente a mesma coisa. Terminamos a novela, Avancini implantou *Brida*, do Paulo Coelho, e teve que interromper porque a TV Manchete saiu do ar definitivamente.

## Depoimento

*Conheço Paulo desde o final dos anos 1960, quando cheguei a São Paulo, vinda do Rio de Janeiro. Frequentávamos o Gigetto e o Eduardo's e dividíamos o jantar com os colegas Ney Latorraca, Jandira Martini, Francarlos Reis e Eliana Rocha. Os comentários de Paulo Hesse eram sempre muito inteligentes e bem-humorados, mesmo quando falávamos sobre a censura que tanto nos atormentava naqueles anos.*

*Tive o prazer de trabalhar com ele em três no-velas:* O Machão, Éramos Seis e Razão de Viver.

*Paulo é um ator que mantém sua carreira inde-pendente dos modismos. Imprime sua persona-lidade com vigor em suas atuações em teatro, cinema e TV. Gosto de pensar sobre ele como um ator de teatro, principalmente pela força de sua inconfundível voz.*

**Irene Ravache**

## Capítulo XI

## Seduzido pelo Cinema

A arte de fazer cinema está na disponibilidade para trabalhar em qualquer horário. Porque, eventualmente, uma sequência pode começar à meia-noite ou às duas da manhã, ou muito cedo para aproveitar a primeira luz do sol. Também porque ao ter que ocupar um espaço qualquer para rodar algumas cenas, só se pode entrar quando o estabelecimento fecha.

A arte de fazer cinema reside também na capacidade de esperar sem ficar ansioso, sem perder o humor e a disposição, porque no cinema existe um trabalho preliminar antes de ligar a câmera e atuar. Há a montagem do cenário, o ajeitar da luz, o teste de fotografia, de voz e de som. Isso para rodar uma sequência que pode durar apenas 40 segundos. Uma filmagem pode levar dois ou três meses e o filme vai ser visto na tela em uma hora e quarenta minutos, em média. Ou seja, é muito tempo investido para uma coisa tão curta mas quanto mais tempo se investe, mais qualidade se obtém no resultado.

Meu primeiro contato com a linguagem de cinema deu-se em 1971, quando enturmado com Ivete Bonfá e Clemente Viscaino, fomos chamados pelo Luiz Antonio Pio para rodarmos o curta-metragem *Livre Sol*. Em geral, as histórias para esse tipo de bitola são contadas em pouco tempo, minutos. O filme do Pio utilizou dois rolos e somou 40 minutos. Valeu a experiência porque esse curta funcionou para mim como um pré-curso de cinema. O filme ganhou uma trilha sonora composta por um amigo, Gonçalo Pereira,o Gogô, que inicialmente batizou a música que fez ao violão de *Tema de Hesse*. A partitura para piano foi escrita por um outro amigo, Douglas Bonfá, irmão da Ivete Bonfá.

O curta-metragem *O Quintal*, com argumento e roteiro meu que o Luiz A. Pio também dirigiu, representou minha segunda estreia no cinema, em 1973, já como profissional dessa bitola. O filme participou do Super Festival Nacional de Super 8, promovido pelo Abrão Berman, e ganhei do júri o Prêmio Grife de melhor ator. Nós todos cuidamos da produção, dos figurinos, das locações e cheguei a pegar a câmera e filmar algumas sequências. Foi um filme que me deu muito prazer e dividi o trabalho com uma atriz querida, Izadora de Faria no papel de Teca, que conhecia desde a EAD. A revista *Fotóptica* fez uma matéria grande e num trecho dizia:

*... A verdade é que não houve muitas incertezas do júri para premiar a atuação de Hesse em O*

*Cena do curta-metragem* Livre Sol

*Partitura de Livre Sol, de Gogo Pereira, tema do curta de mesmo nome*

Quintal, *o cuidado com que compôs um perso-nagem paranoico...*

Foi ao rodar esse filme que conheci de perto uma pessoa que me acompanhou enquanto viveu, Miriam Batucada. Fomos amigos até a morte dela, morreu muito antes da hora. Atendendo ao meu pedido, ela compôs ao violão uma música muito suave que ficava de fundo. A voz dela também entra no filme, interfere vocalmente na história. Miriam Batucada era uma filósofa, aprendi com ela o seguinte:

*Pá, quando você percebe que uma coisa não tem nada a ver com o que você tinha como ex-pectativa é porque o buraco era mais embaixo, então você simplesmente conclui: "Não é nada não ... NÃO É NADA!*

Que sabedoria!

Gostei tanto da experiência que o ano seguinte dediquei quase que exclusivamente ao cinema. Rodei três filmes – *A Super Fêmea*, com direção do Aníbal Massaini Neto, *A Casa das Tentações*, com texto e direção do Rubem Biáfora, um filme cabeça, como se diz, e *O Signo de Escorpião*, dirigido pelo Carlos Coimbra – e em 76 partici-pei de *O Ibrahim do Subúrbio*, com direção do Astolfo Araújo e Cecil Thiré, *A Árvore do Sexo*,

*ulo, Meu amigo! Querido.*
*Estou no teu camarim, respirando a sua criatividade*
*u senso de humor que eu adoro! Tomei banho*
*a toalha, tó quinhinha esperando pra começar.*
*as fotos, você homenagia nós todas; gosto de Você*
*purtindo o seu mundo! Deixo esse bilhete que "não*
*da, não é nada,... não é nada.*
*re maquiei estou bonitinha, e dedico este show de hoje*
*longa temporada de 1 dia; para Você. O Bom ATOR, O Bom*
*uto; O Irritado o Aerista sua amiga "que está sem" Miriam*
*Batucada 12.3.91*

*O carinho de Miriam Batucada*

ASSAINI apresenta
**Um FANTÁSTICO filme de MISTÉRIO**
CSC Produções Cinematográficas Ltda
RODOLFO MAYER·MARIA DELLA COSTA
KATE LYRA·CARLOS LYRA·WANDA KOSMO
SEBASTIÃO CAMPOS·SANDRO POLONIO
(COLORIDO)
O signo escorpi
Um filme de CARLOS

*Cena de O Signo de Escorpião*

*Cartaz de* Ibraim do Subúrbio / Roy o Gargalhador

dirigido pelo Silvio de Abreu, *Pintando o Sexo*, dirigido pelo Egydio Éccio e *Damas do Prazer*, com direção do Antonio Meliande.

Não era difícil fazer cinema porque às vezes, num único dia, você roda todas as suas cenas, a menos que seja um filme em que a equipe e uma parte do elenco tenham que ser deslocadas, como aconteceu em *O Signo de Escorpião*, em que ficamos todos em Paraty, hospedados no Hotel Coxixo da Maria Della Costa. Filmamos praticamente toda a história lá, até porque ela e o marido, o Sandro Polloni, também estavam no elenco. E foi uma delícia ter ficado quarenta dias em Paraty, no hotel da Maria que é maravilhoso.

Fiz ao todo, fora os curtas-metragens, 12 filmes: coisas boas, comédias e pornochanchadas. Não vejo a palavra pornochanchada como pejorativa porque a chanchada já existia, vem desde a Atlântida com aquela turma toda: Oscarito, Grande Otelo, Eliana Macedo, José Lewgoy, Anselmo Duarte. E as pornochanchadas que fiz até 80 não eram filmes pornográficos, não havia um tema pornô no sentido de sexo, de taras, apesar dos títulos chamativos, sensacionalistas. Com o tempo, para não perder mercado, foram exagerando, começaram a apelar, abriram espaço para o sexo explícito entrar nas fitas e a barra foi ficando pesada, a qualidade foi decaindo e

**PINTANDO O SEXO**

*Cena de* Pintando o Sexo

ALFREDO PALÁCIOS apresenta

# MAS DO PRAZER

IRENE STEFÂNIA

part. esp: Cláudio Cunha e
Paulo Hesse ( no papel de Corsário)
direção
ANTONIO MELIANDE

uma produção:
Grupo Internacional Cinema
Companhia Cinematográfica
Kinoart Filmes Ltda

ancisco Cúrcio · Suely Aoki · Nicole · Nádia Destro · Fátima Porto · Carlos Cotrim · Adriana Tasca · Genésio Carvalho

*Cena de* Damas do Prazer

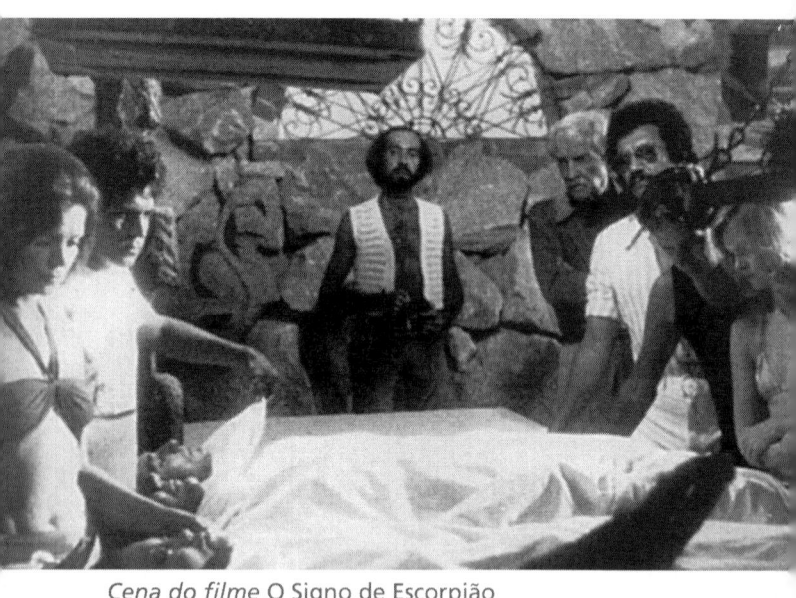

*Cena do filme* O Signo de Escorpião

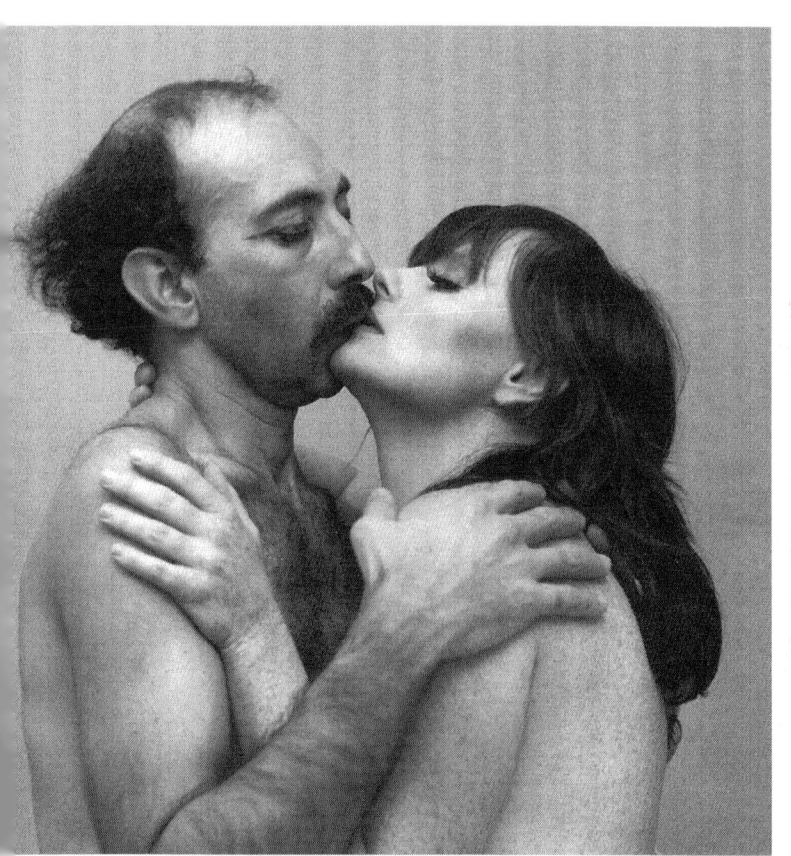

Cena do filme Damas do Prazer, com Irene Stefânia

*No filme* Pintando o Sexo

acabou morrendo na praia. Me convidaram para fazer filme nessa época mas não quis.

Minha amiga, Ivete Bonfá, viveu uma coisa muito engraçada ao ser chamada para fazer um filme que continha cenas de sexo explícito. Não com o personagem dela, é claro, que era o de uma tia conservadora que emprestava uma casa de praia para a sobrinha passar um fim de semana de balada. A Ivete aparecia em dois ou três momentos do filme como uma senhora de respeito, mas brincávamos com ela pelo risco que corria por ser confundida com as atrizes chamadas para fazer as cenas de sexo animaaaal, grupaaaal, o sexo *hard, porque* a Ivete era a atriz de maior peso e prestígio do elenco, e como exigia que seu nome aparecesse em destaque, como participação especial, nós dizíamos a ela: – *Ivete, você realmente não faz nenhuma cena pesada, mas os caras todos que vão lá para curtir o filme, quando saem e olham o cartaz na entrada do cinema, devem dizer:*
– *Ei, essa daí da foto grande deve ser aquela gostosa que dava em cima do cavalo, depois dava pro cachorro, nossa, essa Ivete Bonfá é barra pesada!...*

Em julho de 76, recebi um convite do Astolfo Araújo para filmar com ele, no Rio, *O Ibrahim do*

*Subúrbio*, uma produção do Pedro Rovai. Eram três episódios, um deles com o José Lewgoy como protagonista, o outro com a Marieta Severo sendo dirigida pelo Cecil Thiré e o meu episódio que era *Roy, O Gargalhador*, formava um casal com a queridíssima Suzana Faíni. Era a história de um cara que fazia parte de uma claque de televisão, chamado para gargalhar nos programas de auditório, foi o trabalho que arranjou para ganhar uns trocados e sustentar a família muito engraçada por sinal, uma sogra divertidíssima, quem fazia o papel era a Lourdes Mayer, que foi a primeira esposa do Rodolfo Mayer, e no papel de minha cunhada, Bia Lessa.

O *primeiro episódio* Roy, O Gargalhador, *busca um tipo de descrição onde a ironia e o lado cômico das situações levam o espectador a um riso desconcertante às vezes e até incômodo. Essa linha de mise-en-scène tem algumas conotações neorrealistas, principalmente quando as cenas se passam na casa de Roy mas, por outro lado, o calvário deste homem comum é invadido, vez por outra, por desastradas situações que nem sempre se sustentam de maneira convincente. Todavia, o trabalho de Astolfo Araújo consegue algumas nuances de grande efeito sendo nisto ajudado pelo ótimo desempenho de seu elenco, especialmente o protagonista Paulo Hesse, a excelente Suzana Faíni, uma atriz de grande presença e ainda pouco utilizada no cinema, e todo o conjunto que se forma em volta do suburbano faminto e desempregado.*

**Miguel Pereira, *O Globo* de agosto de 1979**

No mesmo ano, entrei no elenco do filme *A Árvore do Sexo*, um texto de Silvio de Abreu, Rubens Ewald e Carlos Alberto Soffredini, uma comédia bem no estilo do Silvio, com aquele humor que era sua marca registrada. Rodamos o filme em uma cidade do estado do Rio. O elenco de *A Árvore do Sexo* era ótimo, tinha Felipe Carone, Iolanda Cardoso, Stela Freitas, Sonia Mamede, que me abriu as cartas pela primeira vez e me ensinou a jogar buraco. Viciei. Nadia Lippi, que, aliás, estreou comigo em *Peer Gynt* e depois interrompeu a carreira. Meu personagem era o Pacheco, marido da Sônia Mamede, um farmacêutico que tinha que caçar um sapo no brejo para fazer um exame de gravidez nas meninas porque todas elas engravidavam ao comer o fruto da árvore – era um tipo de um pêssego com uma protuberância, como que um órgão sexual masculino pendurado na árvore. Eu tenho horror de sapos e o Silvio não teve dó, me fez pegar o sapo morto com a mão e carregar o bicho de um lado pro outro, apesar da cara de nojo. E ele se divertiu muito, tirou proveito da situação. As cenas ficaram hilariantes.

Em *Império das Taras*, fiz um outro Pacheco, mas foi uma coincidência de nomes apenas. Acabei não vendo esse filme quando foi lançado e me lembro muito pouco de detalhes sobre elenco e produção, tal era o agito e quantidade de produtos que se criavam e se realizam na saudosa Boca do Lixo da Rua do Triunfo, na região da Luz.

Em seguida outro convite pra fazer *Pintando o Sexo*, com produção da Jomil Filmes e direção de Egydio Eccio. Era filme novamente com três episódios e eu protagonizei um deles. Contava a estória de um pintor que morava num apartamento pegado ao de uma vizinha gostosa e conquistadora, porém casada com marido ciumento. A atriz que tive que pilotar era o *avião* Meire Vieira.

*Um pouco mais contido e seguro na maneira de transmitir seu personagem, Paulo Hesse consegue driblar a inexpressividade de Meire Vieira mas não supera sozinho a banalidade do argumento e o tratamento grosseiro da direção.*

**Miguel Pereira, *O Globo*, agosto de 1979**

Gostei muito de filmar *As Damas do Prazer*, em que fazia o personagem Corsário, um sujeito com algumas complicações psicológicas e que se apaixona por uma garota de programa. Tive uma bela cena de amor com a Irene Stefânia, atriz de muito talento, Tive a felicidade de reencontrá-la fazendo teatro há uns dois, três anos, foi um feliz reencontro.

Fui emendando um filme com outro nessa fase e um desses trabalhos foi *O Baiano Fantasma*, do Denoy de Oliveira, que ganhou três prêmios no Festival de Gramado. Concorri ao Kikito como melhor coadjuvante interpretando o Remela mas, infelizmente, não levei o prêmio. O Denoy passava um bom tempo envolvido com a ideia de um filme, com o roteiro, tanto que não fazia um filme atrás do outro, não emendava trabalho. Era um diretor muito talentoso, muito sensível, mas acredito que por falta de recursos para lançar seus filmes, o último que rodou só foi visto depois de sua morte, ficou assim como homenagem, despedida.

Um filme que me deu muito prazer foi *O Homem do Pau Brasil*, do Joaquim Pedro de Andrade, um *gentleman* que pertenceu à geração do Cinema Novo. Ele tinha rodado *O Padre e a Moça*, *Macunaíma*, sensacional, seu maior sucesso de crítica, e *O Homem do Pau Brasil* acabou sendo

*Cartaz do filme* O Baiano Fantasma

*Com Ítala Nandi e Flavio Galvão em cena de* O Homem do Pau Brasil

seu último trabalho, é de 81, falava sobre a história de Oswald de Andrade, Tarsila do Amaral, o Modernismo, a Semana de 22, os personagens todos pertenciam àquele período. No papel do Oswald de Andrade, ele colocou um ator e uma atriz, Flavio Galvão e Itala Nandi. Eu interpretava o Mário de Andrade e tinha uma cena linda em que ele lembrava a Isadora Duncan dançando. Então, acabei fechando um ciclo de filmes com chave de ouro, fazendo Cinema Novo. Depois disso, fiquei 20 anos sem filmar porque o cinema ficou mal das pernas, foi sumindo na década de 80, só foi ressurgir com a Carla Camurati fazendo *Carlota Joaquina* e com a Globo Filmes que foi criada justamente para produção de uma série de filmes e representou uma força também para a volta do cinema nacional. Além disso, os convites que eu recebia eram para coisas mais pesadas, nas quais eu não tinha interesse em colocar minha assinatura.

Só fui voltar a filmar no ano 2000, quando *Bellini e a Esfinge* me apareceu como uma agradável surpresa. A direção foi do Roberto Santucci Filho e o texto é do Tony Bellotto, parece que ele agora fez uma continuação da história. O produtor, Theodoro Fontes, foi me ver na peça *Viva o Demiurgo* e me deixou um recado para que eu entrasse em contato. Ganhei o papel do

Dr. Rafidjian, um renomado médico que tinha mulher, a intérprete era a Rosaly Papadopol, e dois filhos. O detetive Bellini era feito pelo Fabio Assunção, vou até o escritório dele para que eles localizem uma garota de programa e em seguida começam a acontecer as desgraças todas, inclusive a minha morte mais adiante. Era um filme denso, interessante, com um elenco de primeiríssima qualidade, por que tínhamos Malu Mader e Fábio Assunção, Eliana Guttman, Marcos D'Amico, que fazia meu filho, bons colegas. As filmagens foram muito gostosas, recebi um tratamento muito especial, eles foram muito carinhosos, altamente profissionais e foi uma delícia ter feito o filme.

Nesse mesmo ano, 2000, emendei com mais um filme chamado *Sonhos Tropicais*, direção do André Sturm, que fala da vida do Oswaldo Cruz e de uma moça chamada Éster *uma polaca*. A qualidade ou defeito do filme, e quem sou eu para analisar, talvez tenham sido esses assuntos entrelaçados, o do Oswaldo Cruz e o da vinda das polacas para o Brasil. Essas duas histórias têm a política de fundo e eu fazia um senador. Na verdade, era uma superprodução, porque passaram pelo filme mais de 300 pessoas entre atores, figurantes, técnicos etc. E o André é muito caprichoso, muito cuidadoso com cada sequência, com cada tomada, enfim, acho que o roteiro era muito rico para fazer um filme só. Não tenho certeza quanto tempo tinha o filme, mas era loooooooongo, acho que acabado e editado, passou de três horas de duração e quando teve que ser reduzido, foi prejudicado. Enfim, foi uma pena e não fez o sucesso que se esperava, apesar de ser uma união de tantos talentos: Nelson Dantas, Rubens de Falco, Antonio Petrim, José Lewgoy, Hugo Carvana, Claudio Mamberti, Cecil Thiré, Lú Grimaldi, Ingra Liberato. Bruno Jordano fazia o Oswaldo Cruz e Carolina Casting a Ester. As cenas de batalhas, de briga, eram espetaculares, fora a dificuldade de você fazer um filme de época com locação, reconstituição, cenários. Os figurinos eram impecáveis e perfeitos, foi um grande filme. No futuro, o André Sturm poderia até repensar o filme e transformá-lo em dois ou em uma minissérie para a televisão, como aconteceu com o Ozualdo Candeias que quando teve o filme *O Desconhecido* censurado, o transformou em microssérie para a TV Cultura.

# Capítulo XII

## A Crítica e os Críticos

Não acredito que a crítica possa derrubar um ator, mas um trabalho que ele esteja fazendo sim, porque o ator às vezes corre o risco de estar mal dentro de uma situação. É hora de analisar então as circunstâncias que o levaram a estar naquele papel naquele momento. Um diretor, por exemplo, pode ter feito um grande acerto num trabalho e mais adiante cometer um erro, um equívoco, e levar com ele todo o elenco.

Às vezes eu observo que a crítica ofende, a crítica é injusta, um crítico pode ter preferência por uma determinada pessoa, ter por ela uma particular amizade. Pode ser que ele não esteja tão informado a respeito de uma peça ou de um ator, mas pode ser também que esteja coberto de razão, que você esteja realmente totalmente errado, na peça errada, no papel errado, isso pode acontecer, dependendo das circunstâncias. Um ator pode estar trabalhando numa peça que não é boa, mas está ganhando para fazer aquilo, aceita o trabalho por uma necessidade premente, gostou daquela oportunidade, ou pode ter prazer em estar com o grupo. Não sei se todo mundo tem consciência de quando está fazendo um bom trabalho e de suas limitações.

Eu, particularmente, nunca tive certeza absoluta se o que estava fazendo era bom antes de ver os resultados. Na medida em que havia comentários, escritos ou falados, ou criticas nos jornais, é que ia me situando, ficava ciente de que tinha ou não acertado. Porque é uma incógnita você construir um personagem. O ator hoje faz um rei, amanhã um mendigo, um clássico ou um contemporâneo. Esse contato que temos com as informações do personagem e do texto não oferece a todos os atores a garantia de que o que se conseguiu é o melhor resultado. Shakespeare, por exemplo, não escrevia sobre o invejoso, mas sobre a inveja, sobre o apaixonado, mas sobre a paixão, a ambição, o ódio. Ele entendia que os humanos lidam com instintos e sentimentos primitivos desde o início da civilização. Através dos séculos os sentimentos são os mesmos, os homens são movidos pelas mesmas coisas: pelo tesão, pela emoção, pela fraqueza, pelo medo, pelo amor, pela paixão, pela inveja, pelo ódio. Então, eu procurava sempre descobrir nos meus personagens os pontos que poderíamos ter em comum.

Na minha trajetória, recebi várias criticas, não eu, particularmente, mas os meus trabalhos. Felizmente, trabalhei numa época em que a critica

tinha um peso e uma medida, havia críticos altamente competentes, informados, especializados
em discutir os textos, os estilos, as épocas, eram
pessoas que escreviam para o jornais mais importantes e cujos comentários contribuíam para
uma conscientização. Era o caso de Sábato Magaldi, Alberto Guzik, Anatol Rosenfeld, Sérgio
Viotti, Jefferson Del Rios, Regina Helena, Maria
Lucia Candeias, Ilka Zanotto, entre vários outros.

Sábato, que me acompanhava desde a Escola de
Arte Dramática, puxava a minha orelha por meio
da crítica, porque a crítica serve para alertar, mas
procurando sempre pontuar algum momento
meu nos espetáculos, era uma maneira carinhosa
de me incentivar porque obviamente ele tinha
uma visão global do meu trabalho. Sérgio Viotti
assistia aos espetáculos mais de uma vez e fazia
críticas em capítulos, falando sobre a situação, o
momento, a época em que se passava a história,
o autor, a produção, a direção, as qualidades da
encenação, era um crítico completo e generoso
e altamente competente em seu trabalho.

Tínhamos também os jornalistas, alguns mais
generosos como o Hilton Viana, que tinha
entusiasmo enorme pela classe teatral, e abria
espaço em sua coluna do *Diário da Noite* para
todos. E os irônicos como o Telmo Martino, que
nos anos 70 e 80 escrevia uma coluna no *Jornal*

*da Tarde* muito famosa em que falava não só de teatro mas também de música, cinema, artes plásticas, *shows*, tinha uma visão ampla das artes em geral. Era detestado por metade da classe teatral e não elogiava quase ninguém. Aliás, era um perigo quando elogiava porque como tinha um texto irônico, as pessoas ficavam na dúvida se era ou não um *elogio*. Mas quem entrava na coluna era porque existia. Sempre me divertia com o humor que ele destilava semanalmente, quisera eu sair toda semana na coluna do Telmo ainda que fosse sofrendo uma chacota qualquer, como por exemplo a que ele publicou no *Estadão* numa 2ª feira dia 2-6-1975.

314

*...O teatro ganha espetáculo novo nesta semana. Será às 21h. de 5ª feira no Teatro Ruth Escobar, exatamente na sala Gil Vicente, também conhecida como o* pied-à-terre *que o Conde Drácula mantém em São Paulo. A peça se chama Dr. Zote e foi escrita por Nery Gomes de Maria, um estreante. A história submete o gerente-geral de um poderoso grupo de empresas a um processo de desnudamento em busca de sua essência. Em seguida, numa transcendência, as situações não precisam mais de realismo. Podem ser oníricas. A direção é de Tereza Aguiar, uma mulher. Paulo Hesse estará no palco e é claro na primeira fila da plateia. Os outros atores são*

desconhecidos. *Talvez tenham ainda um número menor de admiradores...*

As aspas são do texto dele e era como ele divulgava alguns espetáculos após passar seu olhar crítico sobre as informações dos *releases* que recebia.

Um outro tipo de jornalismo era feito pela Regina Penteado, que assinava matérias para a *Folha de S. Paulo* procurando mostrar sempre o lado torto ou feio das pessoas. Se durante a entrevista uma pessoa dizia *olha, me desculpe, eu não sei como explicar isso...* ela fazia questão de salientar a confusão ou a má informação da pessoa. Não raro, ela pinçava um trecho de uma conversa que um grupo estava tendo num dos restaurantes da classe e levava para o jornal uma frase mais delicada, tipo *não estou trabalhando atualmente.* Fazia isso com todos, atores importantes ou não, como era o meu caso, eu estava iniciando carreira. Numa edição do jornal ela colocou uma foto minha cabisbaixo e deprimido que na verdade era uma foto de cena de um trabalho que eu havia feito na EAD com uma legenda pescada num papo qualquer do Gigetto ou do Piolim. Não era uma pessoa má, odiosa, mas fazia um pouco de imprensa marrom só para deixar mal alguns companheiros da classe teatral.

Uns dois ou três anos depois, ela me procurou para que eu desse uma longa entrevista. Fui adiando, adiando, sabia do estilo escrachado dela escrever, até que topei desde que a entrevista fosse por escrito. Ela então me mandou um longo questionário que fui respondendo com uma série de ditados e provérbios, tipo *quem com ferro fere, com ferro será ferido/ macaco que muito pula quer chumbo/ cada macaco no seu galho*. É claro que ela percebeu minha ironia e publicou a entrevista com comentários muito ácidos, afinal, queria que a última palavra fosse a dela.

Hoje, olhando para o meu passado, a impressão que tenho é que consegui construir uma carreira regular, sem altos e baixos. Sei que tive acertos e erros que dependeram em parte de circunstâncias a favor ou contra. Fiz muitos papéis corretamente e outros posso ter deixado de fazer porque não os escolhia, os aceitava. Lamento não ter tido *talento* para produção, me autoproduzir, aí sim, poderia ter partido de escolhas. Apesar disso consegui dar uma visibilidade para os meus trabalhos sem muitos erros ou percalços. Por vezes ficava muito feliz com o que estava fazendo. Hoje, se eu analisar o que não fiz melhor, pode ter sido porque fosse inadequado para o papel, a produção era precária, a direção não era tão competente, ou eu, equivocado, não entendi bem como deveria ter feito. O que sei é que sempre dei o meu melhor, se às vezes teve uma repercussão mais favorável, que bom, se não teve, entendi e engoli.

Pra fechar esse capítulo transcrevo umas frases que me falam muito diretamente, tiradas de *Monstros Sagrados* da autoria de Ricardo de Almeida, se ele me permite:

*... Porque depois da luz, quando acaba o espetáculo e tiramos com papel absorvente camada por camada do sonho, resta sempre e tão somente a mesma carne. Essa perecível matéria que só existe para ser amada, antes de enfim um dia apodrecer em glória...*

Amém.

# Capítulo XIII

## Reflexões e Desabafos

### Preconceito

Ao sair da Escola de Arte Dramática, me vi com o mesmo preconceito, se bem que não é exatamente essa a palavra, mas ela expressa mais ou menos o que senti quando pisei no palco pela primeira vez em *Antígone*. Quantas vezes não olhei torto para uma pá de gente que vinha entrando para o teatro sem ter passado por uma escola. Chegavam de paraquedas não se sabia por que caminhos e iam se enturmando. Tanto assim que com muito prazer e um certo orgulho, aceitei dar uma entrevista sobre isso para a Revista *Palco+Plateia*, uma das melhores e mais importantes no gênero, que era criação do editor Sergio Junqueira de Arantes. Como o titulo da matéria era Abaixo o Teste da Cama, é claro que teve muita repercussão. Tempos depois, rememorando episódios passados, me veio à cabeça o velho ditado, *quando se cospe pra cima, cai na cara*, porque lembrei de como também tive um certo *preconceito* quando saí do London Studios e acabei caindo de paraquedas no Lancaster que nós, elitistas do London, considerávamos os dançarinos, sem estilo, sem eira

*Portrait*

nem beira. A verdade é que preconceito existe e cada um tem seu percentual para uso imediato, assim que surge a motivação.

## Opressão e Marasmo

Trabalhei muito durante todo o Regime Militar, na década de 70, mesmo com a censura aos textos e à concepção dos espetáculos, mesmo com a perseguição à classe artística, porque o fazer teatro continha a proposta de atravessar, furar esse paredão para dizer alguma coisa, mudar alguma coisa. Com a abertura política, achei que tudo ia melhorar. Que nada. Percebi que houve um esvaziamento, algumas pessoas, penso eu, se perderam um pouco. Embora tivesse sido grande a truculência da opressão, mesmo assim havia os resistentes, os que lutavam, e era ótimo você estar no meio dessa massa, desse movimento porque quanto mais nos uníssemos, mais cedo derrubaríamos o inimigo. Levou alguns anos e o inimigo saiu de cena. Só que sem ele, ficou meio que um marasmo: *Cadê aquela motivação, cadê o desafio?* Muitos autores surgiram nessa época motivados justamente por esta questão e acabaram escrevendo algumas obras-primas , até porque tudo que ia contra o inimigo era sempre muito bem-vindo, muito prestigiado. Mas quando perderam o inimigo, lá se foi a criatividade e a motivação de escrever.

Alô. Quem tá falando?

## O Produtor

A figura do *produtor*, que conheci muito bem no início da minha trajetória, era daquele investidor que entrava com o dinheiro, cacifava o trabalho, contratava os profissionais conforme o produto. Essa figura foi saindo de cena, parece que perdeu um pouco a motivação de colocar dinheiro num projeto de teatro. Começaram a surgir então os atores que se autoproduziam e junto os grupos que se cotizavam para viabilizar um projeto. Criou-se a cooperativa, virou moda. Ela cresceu, firmou-se e hoje quase tudo que se monta passa por ela.

## A Imoralidade dos Impostos

Acho que está mais do que na hora da Prefeitura de São Paulo isentar os atores da cobrança do ISS. Por exemplo: se sou chamado como profissional para recitar poemas num evento qualquer, num lugar qualquer ou até mesmo na Praça da Sé, sou obrigado a recolher à Prefeitura o tal imposto como ator. Absurdo, porque o ator por si só não é uma companhia, é um autônomo, é sua própria entidade. Se for cooperativado então, lhe é descontado um batalhão de impostos. São deduzidos do pagamento na fonte, além do ISS, Imposto de Renda, INSS, Cofins sem contar as

*Portrait*

mensalidades e os 5% de comissão da cooperativa. Percebe-se que se trabalha para o Governo Municipal, Governo Estadual e Federal. Os proprietários dos teatros, os produtores já são onerados com pesados impostos. Poder-se-ia criar uma boa discussão sobre isso, mesmo porque as igrejas de qualquer seita e clubes são anistiados. Outra discussão que deveríamos levantar é sobre o valor dos aluguéis, senão vejamos: um espaço, uma sala de teatro que é alugada por três noites, de sexta a domingo, no período das 20 às 24 horas, soma um uso, em média, de 48 horas mensais. O período ocioso do estabelecimento poderia e deveria ser explorado com outras atividades. É muito pesado o valor que se paga por tão pequeno uso!

## Em Cartaz

Acompanho sempre com muito interesse os trabalhos dos colegas: novos grupos, um novo diretor, uma proposta nova. Vejo com prazer e bons olhos desde que realmente sejam coisas de qualidade. O que me incomoda um pouco é a palavra *desconstrução*. Experiências novas não implicam em jogar fora tudo que se construiu, para se descobrir algo novo. No meu entender, é impossível ignorar a contribuição da dramaturgia nesses séculos todos, esquecer os grandes nomes dos arquitetos

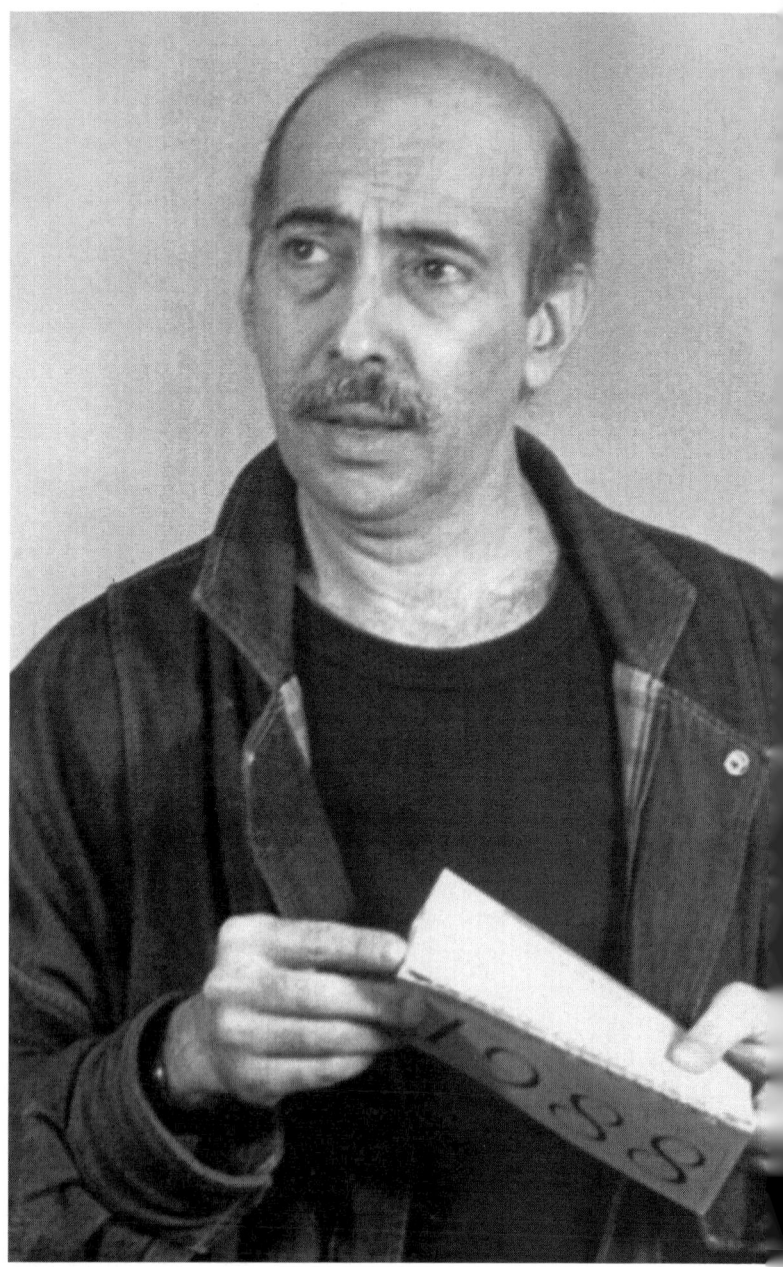

*Portrait*

do teatro universal com a pretensão de colocar no lugar, novas linguagens e criar um novo teatro. Penso que estão totalmente equivocados e só fazem isso para justificar suas incapacidades ou necessidades inerentes. Gostaria de plantar nos corações e mentes dessa juventude a necessidade de tratar com respeito o teatro que é uma arte maior que a televisão e o cinema, porque é uma arte viva – não cabem nela os embusteiros. Relembro nostálgico o bom período que vivi quando a cidade de São Paulo fervilhava de bons espetáculos, longas carreiras, apresentações de 3ªs a domingos, quando as estreias para a *Classe Teatral* aconteciam às 2ªs com todos os colegas se prestigiando. Lembro dos grandes Festivais Internacionais de Teatro, armados por Ruth Escobar quando acontecia o intercâmbio de companhias e elencos de toda parte da mundo se cruzando pelos teatros, pelos restaurantes pelas esquinas com diretores e atores nacionais e internacionais trocando ideias e conhecimentos. Áurea época, belos tempos... e tudo isso acontecia sob o som dos *coturnos e baionetas* que nos espreitavam.

Hoje alguns acham que teatro é arte velha, que a televisão, o cinema e agora a internet vão acabar com o teatro. Engano deles. O Teatro é eterno, mesmo porque é fonte e fonte não se destrói nem se desconstrói.

*Portrait*

## Falta de Dignidade

Viver com dignidade significa ter alimento, saúde, educação e moradia, direitos de todos os cidadãos mas hoje lugares-comuns nos discursos políticos. Nossos governantes vivem uma realidade particular que não tem muito a ver com a nossa de meros civis. O que o brasileiro tem que entender é que o Presidente da República, o Governador, o Prefeito, senadores, deputados e vereadores, todos eleitos com seu voto, cumprem funções e são *empregados* do país e de toda a população. Não são nossos patrões. Ganham altos salários e mordomias para exercer seus mandatos. Tenho a impressão que há em Brasília um *Alien* que comanda e dita as regras com seus tentáculos e ai de quem não rezar aquela cartilha. Simplesmente não governa. E não há partidos, propostas e promessas que sobrevivam ao poder maior do Grande Alien nacional. Nossa primeira Constituição, que já nasceu *negociada*, já trazia essa cultura que sobrevive até hoje. Também o Senado, quando foi criado no primeiro quarto do século 19, já veio *acordado* entre republicanos e o Império. A Corte deu com uma mão, mas deixou espaço para tirar com a outra. Quem discorre com muita clareza sobre tudo isso é nosso emérito Dalmo Dallari, que nos faz entender que o Senado já

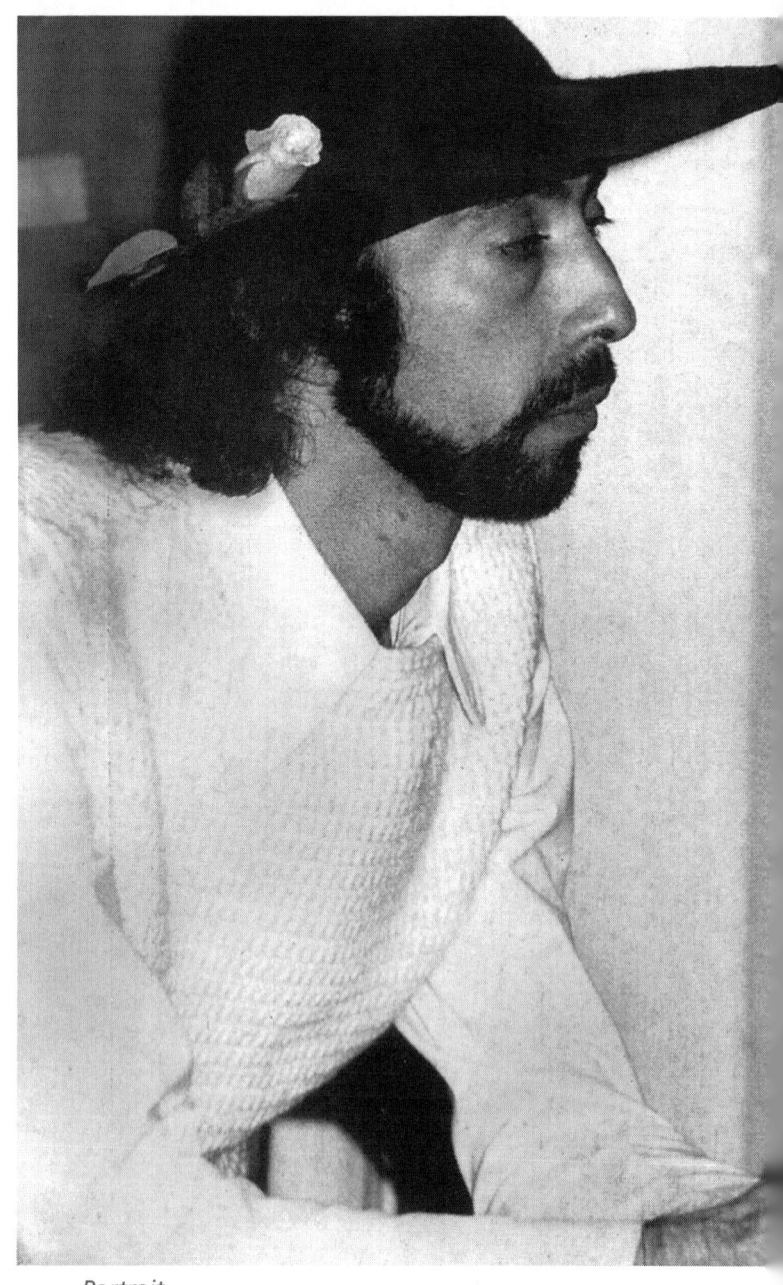

*Portrait*

nasceu comprometido, nasceu como uma casa para dar guarida aos oligarcas que lá entram e de lá não saem.

Que tal após um plebiscito fecharmos a casa *Senado* e fazermos uma enorme economia que reverta em benefícios em prol da sociedade brasileira?

Há que se frisar que existem pessoas ótimas na política, mas que estão impedidas de tomar atitudes e solucionar algumas questões, afinal, parecem ignorar que o Brasil poderia já estar há muito no primeiríssimo mundo porque é uma nação plena e capaz. Assim sendo, gostaria que o voto não fosse obrigatório, mesmo porque essa imposição fere a real democracia. E deveríamos repensar essa prática de *bolsas isso e aquilo*, que não passam de paliativos e substituem, a rigor, o dever e a responsabilidade de criar estruturas, condições para uma melhor saúde, educação e contribuir para incutir em cada um o senso de cidadão trabalhador produtivo. Me recordo que nos tempos de menino, não tínhamos nas escolas bolsa de nenhuma espécie, mas um ensino melhor. Aprendia-se a lição com maior profundidade. Hoje, o que conta são os índices. Na verdade, sou obrigado a rememorar uma frase que dizia meu velho avô Romão e que na época eu não conseguia entender. – *Se hay gobierno, soy contra!*

## Capítulo XIV

## Tentando ser Autor

Desde o final dos anos 50 eu escrevia alguma coisa, mas nem tinha ideia do que estava escrevendo, talvez fosse um conto, uma crônica, é louco dizer isso, mas nem sabia o que era um texto para teatro. Lembro que quando trabalhava no banco, aproveitando que tinha à minha disposição uma máquina de escrever, escrevi um texto chamado *E Foi Assim em Setembro*, não é nem um romance nem uma peça, não consegui definir, mas tinha elementos dos dois gêneros e bem ou mal contava uma história. Muito inocentemente, levei o texto para uma avaliação do Ciro Bassini, que trabalhava na TV Excelsior, e ele, gentilmente, depois de elogiar meu trabalho, os diálogos, a trama, me perguntou: – *Mas que idade você tem? Por que escolheu um tema tão estranho para escrever?* Eu não sabia se era estranho ou não, tinha uns 18 anos quando escrevi sobre um escritor que tinha um casamento fracassado. Mas como Ciro Bassini me estimulou a continuar, fui fazendo uma coisa ou outra, poemas, crônicas, contos, meio sem direção, na tentativa de escrever alguma coisa que valesse a pena. São eles: *De Repente Três Vidas, Aquela Herança, Trágico Destino* e meu primeiro poeminha...

## Abstração

*Chover não choveu e a terra secou*
*O gado morreu e a erva matou,*
*Cadê nossa chuva que molha o sol,*
*O sol do meu peito tão seco de amor.*
*Cadê o amor que me ensina cantar*
*Me ajuda nos versos, me mata de amar*
*Sem chuva e com sol, coração sem amor*
*Não posso existir, ver tudo secar*
*Meu canto é chorar*
*Faz chover meu senhor.*

Um texto que escrevi e que considero ter qualidade é *O Testemunho*, que saiu quase que como um vômito, uma alucinação, porque misturava minhas inquietações, fantasias, medos, era como se fosse uma longa noite de pesadelo. Aliás, eu adoraria reencontrá-lo para checar aquele meu momento.

Uma ocasião, decidi criar um amigo virtual, um cúmplice com quem pudesse me abrir e trocar pensamentos e emoções. Batizei esse amigo de MIDA – Meu Igual e Dileto Amigo, e escrevi para ele este texto:

*MIDA, hoje descobri você. Como sempre estou só. O eco das minhas palavras bate no espaço e volta a mim. Estou muito só. Só de amor, só de certezas, só de fé. Este nada cheio de coisas e gentes que me cercam está conseguindo me sufocar aos poucos. Você terá que ter paciência comigo, foi pra isso que criei você. Como o invejo, gostaria de encontrá-lo. As pessoas me surpreendem e tenho medo. Tenho de ter em mim a capacidade de tomar atitudes iguais. Sei que de certa forma todos os seres humanos têm entre si capacidades iguais. Tenho medo só de pensar que carrego também um monstro dentro de mim. Odeio o inusitado. Mida, só você será testemunha. Você é o início da minha loucura mas a compensação da minha realidade. Por isso o inventei, por isso lhe escrevo e lhe escreverei mais tarde...*

Após ter saído da EAD, me ocorreu criar um espetáculo que batizei de Sete Personagens em Busca de um Autor. Era uma ideia interessante e saí em busca dos autores. Esquematizei os textos respeitando um número determinado de laudas, contendo os personagens que eram Cristo, Hitler, Joana d'Arc, o Louco, Neuza Sueli (a personagem do Plínio Marcos ), o Contemporâneo etc... Consultei Renata Palotini, Carlos Queirós Telles, Leilah Assumpção e Walter George Durst, entre outros, recolhi alguns textos da encomenda mas confesso que juntos não se harmonizavam e não davam viabilidade à montagem. Da minha parte acabei desistindo porque não chegaria a um resultado que valesse a pena.

Em 73, quando o movimento em torno do Super 8 era muito forte em São Paulo, sugeri ao Luiz Antonio Pio uma ideia que eu tinha sobre um roteiro de curta-metragem. Ele gostou da sinopse e acabei escrevendo e roteirizando *O Quintal*, em que atuei ao lado da Izadora de Faria, minha contemporânea na EAD. Era a história de um rapaz que tem uma deficiência mental e se apaixona por uma menina que mora no quintal, a história do Celo e da Teca, uma coisa meio lírica.

Num outro momento, resolvemos, eu e a Maria Eugenia de Domenico, escrever alguma coisa a quatro mãos, uma peça, um *show*. Ela trouxe uma sugestão, começamos a criar em cima e acabamos escrevendo *Se Nureyev Pode por que eu não Posso?*, um besteirol. Na época, o termo nem era conhecido mas depois que o Rio apareceu com esse tipo de espetáculo e catalogou, acho que nosso texto se enquadrou nesse gênero. Foi escrito na verdade a três mãos, digamos, porque quem datilografava, quem empurrava o carro era eu, Maria Eugenia dedilhava só um bocadinho o piano, com uns sons. A experiência mostrou o quanto é difícil você se meter a escrever para teatro, a dramaturgia realmente é fundamental na história do teatro. Você ajeita

*Na peça Se Nureyev Pode Por Que Eu Não Posso?, em foto solo*

direção, ator, figurino, cenário, espaço, mas o texto tem que ser bom. Por isso que batizamos nosso trabalho de *exercício* de comédia e fomos testar para ver se funcionava, se fazia rir, porque o objetivo era fazer uma coisa engraçada. Registramos o texto, promovemos várias leituras e acabamos chegando à conclusão de que a peça poderia sim fazer carreira, ser muito divertida.

Uma atriz de cinema que conheci durante a produção de um dos filmes que fiz, chamada Livi Bianco, sabendo da existência do texto *Se Nureyev Pode por que eu não Posso?*, me pediu, leu, gostou e nos levou até Waldemar Issa, proprietário da casa noturna Medieval que estava procurando por uma comédia para produzir. Após uma primeira reunião ficou resolvido que iríamos montá-la. Convidamos então Gianni Ratto para dirigir e chamamos Roberto Azevedo, Paulo Wolf e Mirian Lins. Para o cenário e figurinos trouxemos Maria do Carmo Nefussi. Já tínhamos começado os ensaios quando o projeto gorou, problemas com o produtor Issa e a administração do Teatro Augusta. Estávamos em meados de 1983 e no ano seguinte retomamos o projeto sem o Issa e acabamos estreando em abril no Teatro Markanti, um espaço muito aconchegante e bem administrado pelo Alfonso Gentil, mas infelizmente mal localizado. O elenco e a equipe já eram outros. João Albano assumiu a direção, deixei para mim o personagem Francis e no elenco tínhamos Marcio de Lucca, Moacyr Ferragem e Mirian Lins, que imediatamente foi substituída por Maria Vasco.

E aí aconteceu a peça e uma carreira regular. Senti ter desapontado o Sábato Magaldi que fez uma critica longa, não exatamente elogiando o espetáculo, mas em que dizia que ficava muito animado toda vez que um ator decidia escrever uma peça.

*... Paulo Hesse não tem dificuldades de tirar partido de um papel que escreveu sob medida, caçoando dos tiques homossexuais...*

*... Última e melhor qualidade, peça e espetáculo proporcionam a Paulo Hesse um show de interpretação na linha gay. O ator leva às últimas consequências os clichês do gênero e os cacoetes impostos pela tradição teatral aos homossexuais. Não é justo e até mesmo bastante preconceituoso, mas é engraçado, porque Paulo Hesse tem afinidades com o deboche, o público se diverte com Francis...*

*Faço votos que Maria Eugênia e Paulo Hesse, tomados de brios, superem em nova peça o resultado do atual espetáculo. Assistirei com a*

*Na peça* Se Nureyev Pode Por Que Eu Não Posso?*, com o primeiro elenco (Márcio de Luca, Maria Vasco e Moacyr Ferragi)*

*mesma expectativa, favorável a uma segunda tentativa de Maria Eugênia e Paulo, ou de cada um isoladamente.*

**Sábato Magaldi, *O Estado de S. Paulo*, abril de 1984**

*... se a peça não trouxesse o magistral desempenho de Hesse, que faz de Francis uma combinação perfeita da tia velha, da boneca deslumbrada e do veado carente, três caricaturas gays que o teatro brasileiro cansou de explorar sem tato algum. É ele quem salva o espetáculo careta, dirigido como manda o figurino do esperado tédio. Com ministro ou sem ministro, a interpretação de Paulo Hesse nos oferece razões de sobra para rir e admirar, sem abrir mão da inteligência.*

**Vivian Lando, revista *Visão*, abril de 1984**

Nosso texto era um pretexto para fazer graça, e isso a gente conseguiu brilhantemente, as críticas acharam que era um espetáculo muito divertido, muito engraçado. Mas depois disso eu não quis mais me envolver com texto não porque escrever é um trabalho muito solitário, muito desgastante, é necessário um talento especial para dramaturgia que acredito que não tinha e não tenho.

*Na peça Se Nureyev Pode Por Que Eu Não Posso?, com
o segundo elenco (João Garcia, Maria Vasco, Waldir
Fernandes e Luiz Franco)*

Este conto eu o escrevi em 1972, no entusiasmo de descobrir o pessoal do GRIFE que incentivou a realização de filmes de curta-metragem e me inspirei numa locação onde reconheci alguns daqueles personagens na minha infância. Das minhas investidas como escritor, *O Quintal* foi o único texto que me deu um retorno positivo. Gosto dele e gostaria que vocês o visitassem nestas páginas finais do livro.

Um conto de Paulo Hesse

## O QUINTAL

16/11/72

Célo se move lentamente. Figura esquálida, face triste. Malvestido, em geral com os pés descalços, rodeia o quintal da casa de cômodos onde vive. Passa horas e horas entregue, às vezes, à estática meditação, outras, concentrado em pequenos objetos, manufaturando pequenas peças talhadas ou grandes portais e esculturas. Algumas galinhas e Budi, o cão vira-lata, são seus companheiros quase que constantes. Acostumados com seu jeito esquisito, não se incomodam com ele, a não ser quando, repentinamente, ele os agride para fugir em seguida. Mas sabem que sempre que volta lhes traz uma recompensa em alimentos, farelos e restos de comida que Célo distribui entre eles.

Tem dia que Célo aparece tão asseado e bem arrumado que faz os vizinhos de quintal ficarem vaidosos de seu amigo, mas isso acontece muito raramente. Dona Dina, a baiana gordona que está sempre pelo quintal fazendo alguma coisa, quando inspirada puxa conversa com ele. É difícil manter um assunto e ela sabe disso. Nem sempre, ou quase nunca, ele aprecia a sua presença e pro-cura logo uma maneira de se afastar dela indo acomodar-se no seu cantinho costumeiro, junto aos velhos degraus da velha escada que alguns lances acima vão encontrar o grande portão de ferro que dá saída para a rua. O cadeado e a corrente grossa que trancam o grande portão velho são, várias vezes, vítimas das investidas de Célo, mas sempre com segurança eles o mantêm preso no pátio da casa de cômodos. Dias de sol, de muito sol e calor, dias de chuva e é sempre a mesma coisa. Célo constantemente ali, rodeando as paredes de reboco gasto, se acocorando nos velhos degraus e só. Seu passatempo, suas esculturas são coisas disformes, sem clareza para quem as analisa. Esculpe na mesma porta antiga os mesmos entalhes diariamente. Utiliza-se de pedaços de madeira que depois de trabalhados por ele compõem a sua coleção de estatuetas.

Seus instrumentos não variam e são insubstituíveis; um pedaço de pau com ponta, latas vazias, pedaços de trapo, uma chave de fenda, um espelho, um martelinho e um crucifixo. Eis aí todo o seu arsenal de trabalho e de vida, pois que sua precária vida se resume a um quintal, comer e dormir, divagar, e o seu trabalho, às disformes esculturas.

Teca, a morena que coabita o lugar, é a sua única amiga. Trabalha durante toda a semana e vive só, sem família ou amigos. Ocupa o quartinho dos fundos, o 5. Aos sábados à tarde ou aos domingos, aproveita para fazer seus trabalhos domésticos. Lava suas roupas no tanque coletivo, estende todas elas, algumas vezes ajudada por Célo. Depois, faz outras coisas: costuma descascar batatas ou laranjas. Em seguida, apanha as cascas retiradas em tira longa e gira-as soletrando letras do alfabeto. Por vezes é engraçada. Mais tarde aproveita para prender seus cabelos negros enrolando-os aos poucos, aproveitando o sol das tardes. Outras vezes, senta-se à porta do seu quarto, acomodando-se sobre um banquinho com almofada escarlate para ler suas revistas em quadrinho ou terminar algum bordado que porventura não esteja pronto. As moscas não a incomodam; Célo cuidadoso as espanta com seus trapos na longa contemplação que dedica a Teca. Afinal, são poucas as vezes que os dois podem estar juntos, trocando seus sorrisos e se aquecendo ao sol.

Teca realmente dispensa um certo carinho a Célo, conversa com ele. Sabe de sua vida, só com a mãe já idosa, viúva, vivendo de uma pequena aposentadoria de marido, passando e engomando roupas para tirar um extrazinho que unido à aposentadoria, mal dá para o aluguel do cômodo, a comida simples e nada mais.

É uma pena, Célo é um homem forte, poderia ter um futuro promissor pela frente, porque inteligente ele é, não há dúvida. Se pudesse trabalhar, ter estudado um pouco mais, agora serviria de amparo à velhinha italiana. Se fosse uma pessoa normal...

O que é normal? Para eles, nossa realidade é que é distorcida, estão acima do nosso mundo pequeno, se alienam para fugir de nossa alienação, de nossa pressa de viver e de chegar ao nada, ao escuro total. Como Teca gostaria de participar ativamente, viva, dos devaneios de Célo. Que bobagem, a realidade é esta aqui e Célo, um paronoico inofensivo, vivia gastando os seus dias naquele mísero quintal. Interná-lo talvez fosse melhor. Uma casa de saúde teria mais recursos... Mas qual! É triste demais. É abandono em vida e a velhinha italiana não tinha mais ninguém no mundo; enquanto vivesse, cuidaria do filho. Seria melhor interná-lo? Pra ele? Não, ali naquele quadrado cimentado, seu corpo magro vagava, mas através deste mesmo corpo, sua alma e sua mente, principalmente sua mente, voavam alto, transpunham o grande portão de ferro com cadeado para ir encontrar-se bem longe com grandes pássaros que voando também o conduziam ao seu palácio real cercado de vastos campos verdes, floridos. No salão real, onde ele desfilava com seu cetro e sua coroa, as paredes não eram negras com tijolos à mostra e cheiro de mofo, mas sim cobertas de púrpura e fios de ouro, Ali ele se encontrava com sua verdade absoluta, a riqueza e a realização dos seus amores indescritíveis, onde ele, como senhor maior, soberano, ditava as leis, leis livres, sem tempo nem espaço. Espaço imenso só dele, conforto e beleza e suas obras, suas esculturas cercando lagos azuis e decorando os grandes salões palacianos em ouro e madeira de lei. O pátio daqueles quartos só era feio e triste para os outros, não para Célo que permanecia ali transitoriamente. Budi, o cão, também lhe fazia companhia em seus devaneios, e Teca.

Teca dividia com ele as honras da corte. Uma mulher tão linda, tão delicada, com mãos tão finas e macias, olhos tão meigos e de sorriso tão doce. É claro que ela também o acompanhava em seus altos voos, era sua única amiga, seu amor. Rainha para ele, rosa para ele, cravo, ninfa para ele, gênio, Tétis para ele. Zeus. Sim Zeus, e Deus do Olimpo.

O banheiro que era usado por todos os moradores tinha uma porta pequena para o batente. Entre o chão e a porta sobrava um espaço, através do qual se podia ver os pés dos seus ocupantes. Teca saía de seu quarto envolta num surrado roupão de banho e entrava no banheiro. Célo a espreitava durante o banho. Fixava-se na água que escorria através das pernas de Teca, água espumosa, perfumada. Os movimentos de seus pés o entretinham. O som de sua voz o apaixonava. Teca cantarolava uma música harmoniosa. Depois, um breve silêncio e apenas o barulho do chuveiro e o deslizar da água morna que lambia o corpo de Teca para sumir pelo ralo, no chão. Seu corpo macio, molhado, envolvia-se novamente no surrado roupão e deixava para trás o banheiro em direção ao quarto número 5. Deixava para trás também o olhar perdido de Célo, ele todo acocorado tão próximo à porta. Era quase um ritual, sábado após sábado e domingos, a mesma coisa. Célo acompanhava todos os movimentos de Teca que nos intervalos dos seus pensamentos o via e lhe sorria branda.

Todos os demais moradores dos quartos o perseguiam, falavam mal dele, espreitavam-no e queriam destruí-lo. Dirigiam-lhe a palavra apenas para censurá-lo.Queriam comê-lo vivo.

*Não pense assim Célo, não é nada disso, em mim você pode acreditar* – dizia-lhe Teca quase sempre. *Todos aqui querem muito bem a você, querem ajudar você e são seus amigos.* Era inútil. Em seus atormentados delírios, Célo temia a todos e procurava livrar-se deles. Eram para ele pessoas maldosas, com olhos curiosos, imensos e curiosos, sangrentos. Então, pensava ele a princípio, *por que fazem assim comigo, por que tentam me agarrar, por que me espreitam tão silenciosamente, por que não me deixam em paz?* E depois concluía: *tenho que passar por isso, é claro, eles têm que me odiar porque se admiram da minha grandeza e têm inveja. Como são impotentes para conseguirem me alcançar, me perseguem então de maneira tão mesquinha. Mas jamais me dominarão, não se pode subjugar um gênio, um Deus do Olimpo. Eu sou o grande Zeus, o amante supremo, de ouros e linhos são os meus trajes, de essências o ar que respiro e de pedras preciosas o meu leito de amor, porque eu amo e sou amado por Tétis.*

Amado por Teca, sim, Teca é minha deusa, minha musa. Não se pode colocar num rei arreios e chicoteá-lo como se fora ele um cavalo. Eles não sabem nada de mim, nem poderão sabê-lo. Se sou um cavalo, sou cavalo alado, portentoso, e também assim não poderão me alcançar, corro e salto, voo e estarei sempre acima de todos, de todos esses vis moradores deste quintal.

Teca admirava muito os trabalhos de Célo, dava opiniões favoráveis e procurava agradá-lo com sugestões e palpites. Alimentava sua necessidade de estímulo e recompensa por tantas horas de esforço dedicado aos seus insignificantes pedaços de madeira. Os outros quatro moradores do lugar, além da velha mãe de Célo, Dona Dina, a baiana gorda, de Budi e dela mesma, eram pessoas que se limitavam a não interferir na vida e modos de Célo. Ajudar de uma forma ou outra pouco podiam. Sabedores das desgraças sofridas por ele e a mãe, sabedores de sua doença, de sua insanidade mental evitavam perturbá-lo. Seu Apolinário, o crente, vivia junto de um companheiro seu, Seu Quinzinho. Dona Almira viera do norte em companhia de seu marido Altino, não tinham filhos e ocupavam o melhor dos cômodos, o número 3. Cada um tinha seu trabalho pra mal sobreviver.

O crente era pedreiro, auxiliar de pedreiro. Beirava aos 50 anos e não obstante suas fases de desemprego, conseguia manter pagas as suas contas, o aluguel para Dona Dina. Frequentava assiduamente a igreja evangélica. Era praxe vê-lo sair no domingo, com seu terno marrom desbotado e sua bíblia debaixo do braço. Domingo era dia de festa para ele. A escola dominical de manhã e o culto à noite. Tinha sempre uma palavra de carinho para emprestar às pessoas. Uma vez ou outra, recebia visitas, conhecidos da igreja. Se fechavam no quartinho e lá ficavam entregues aos louvores e orações. Entoavam hinos religiosos de maneira tão bonita que chegava a comover os ouvidos, até mesmo Dona Dina que era de outras crenças. Seu Quim, o colega de quarto do crente, não participava dessas pequenas reuniões. Por vezes chegava bêbado e sabia o que lhe esperava, o sermão, o eterno sermão do crente.Trabalhava numa oficina mecânica perto dali e tinha um defeito de nascença no braço. Sempre dizia que se não fosse aquele maldito defeito, ele poderia ganhar o dobro que ganhava. Mesmo assim, dava para ir juntando as migalhas. Quando pudesse, mudaria para sua própria casa. O terreno já tinha comprado e estava pago. Faltava agora começar a erguer as paredes e pra isso contava com a ajuda, é claro, do Seu Apolinário. A pinguinha era sua fuga diária, as discussões inconsequentes com o crente não o incomodavam muito. Quarentão, gordo e vermelho, Seu Quim aguardava o momento de sair daquele quadrado escuro e sujo de cacas de galinha. Uma noite, já alto, escorregou nelas e ficou furioso, soltou meia dúzia de pragas.

O casal do norte também quase nunca estava em casa. Ela e ele trabalhavam numa agência de limpeza. Faziam dois períodos de seis horas. Eram limpadores de grandes firmas comerciais ou bancos. Não se sabia, ou não gostavam de contar para os estranhos o que era problema só deles. Não tinham filhos, aliás, não havia nenhuma criança naquele quintal. Tudo ali era sério, frio, indiferente. Não se ouvia o riso alegre dos meninos, as manhas e brincadeiras das meninas, o descompromisso do jovem. Eram todos gente grande. Pesados. Parados na vida e na sobrevivência.

Célo realmente não tinha nada a ver com eles. Na verdade, não gostava deles, evitava-os e demonstrava a maior indiferença às suas agora raras manifestações de simpatia para com ele. Só Teca conseguia alguma coisa com ele. Até sua mãe, sem muita paciência, ralhava com ele. Falavam sem conversar. Palavras soltas. Mas era assim mesmo. De fora, poderia se perceber a estranheza entre eles mas não garantir uma ausência de amor.

Os portões de entrada permaneciam sempre fechados, porque Célo não podia sair do pátio. Já acontecera isso e ele ficara perdido pelo bairro, dormindo ao relento na praça como um indigente. Foi encontrado por Seu Apolinário, o crente, um dia depois da fuga. Afinal, sua velha mãe temia que lhe acontecesse coisa e assim, de comum acordo, todos no quintal colaboravam para a segurança de Célo e tranquilidade da velhinha italiana.

Exceto nos fins de ano, nos natais, quando os donos do quintal se confraternizavam com sorrisos e abraços, trocando suas iguarias para que todos saboreassem de tudo e bebessem brindando o dia do nascimento do menino, os dias do ano que entrava nada traziam de novo que mudasse aquela monotonia e desse outro aspecto ao quintal.Todos os anos, as galinhas criadas por Dona Dina eram sacrificadas e novamente outros pintinhos vinham se instalar no cimento frio, futuros frangos que forneciam os ossos que faziam o deleite de Budi. Era hábito, no interior já era assim.

Dona Dina e seu marido vieram do interior do Estado. Entendiam de criação como nunca. Ao vender o sitiozinho que tinham, foram trazidos pelos filhos que empregaram bem o capital comprando aquela casa grande. Agora, não sabem mais deles. Cresceram, ganharam o mundo. O velho, coitado, com aquela bendita doença jamais vai sair do hospital com vida. Dona Dina acreditava mesmo nisso, principalmente depois que sua amiga recebeu o espírito de Dona Zéfa, a mãe de Cacaú, seu quase finado esposo. A amiga do centro recebeu Dona Zéfa e ela garantiu isso e disse ainda que tinha que ser assim pra que Cacaú pagasse os seus pecados, o que fizera com ela, a judiação que fizera com sua mãe.

Dona Dina rezava por ele e praguejava também por culpa da mãe Zéfa. Era obrigada a viver sem o marido, juntando os dinheirinhos que sobravam pra poder ajudá-lo e mantê-lo, sem tanto sofrimento, no hospital. Viver sem homem de casamento, viver trabalhando quando já estava na hora de aproveitar os sacrifícios feitos na juventude.

Cacaú conheceu Dina, ainda moça e vistosa, numa praia na Bahia. Foi um amor de verdade, foi um casamento direito. Depois, os filhos, o sítio, a mudança, a doença... a solidão. Não que faltassem homens que a assediassem, isso tinha, e como! O Almeida do empório, aquele gordo da barraca de verduras da feira de quarta-feira, ali em frente à porta de sua casa. Homem tinha, mas tinha também o brio, ela era mãe de filhos e com um marido doente.

Uma vez, Dona Dina brigou com Célo. Estava nervosa, chovia e Célo, com suas manias de esculpir coisas, acabara matando um pintinho já crescido de Dona Dina. Deixara cair a porta antiga, uma porta larga sem serventia que havia sido deixada encostada entre o banheiro e o tanque. Era ali que Célo talhava. Ao arrastar a porta pesada, esta caiu e amassou o futuro frango assado do próximo Natal. Dona Dina atravessou sua gordura aos berros através da porta da sua casa e correu em socorro do bichinho agonizante. Decididamente, ela estava mesmo nervosa naquele dia. Horas depois, se arrependeu e pediu desculpas ao Célo, tentou convencê-lo que aquela cena tinha sido de brincadeira. Comentou o fato com os demais habitantes e todos, com exceção de Seu Quim, tentaram fazê-lo esquecer o ocorrido. Na hora do insignificante desastre, Dona Dina puxara a porta e prometera queimá-la. *Esse trambolho não serve pra nada, com você são dois trambolhos inúteis*, disse ao Célo. *Ainda por cima me causa prejuízo.Você matou o meu pinto, já estava grande e você com suas besteiras foi matá-lo*. Célo fechou-se dentro de sí mesmo. O que ela disse em seguida e o que aconteceu depois ele não sabe, não estava mais ali no quintal, estava dentro de si, longe.

356 Dona Dina deixou que a antiga porta permanecesse no mesmo lugar. A faca que tinha trazido na mão, quando investiu sobre ele pra retirar a porta de cima do pinto agonizante, estava em sua mão acidentalmente. Naquele momento ela picava a carne para o jantar de Budi. Além disso, ela não seria mesmo capaz de matar quem quer que fosse, até mesmo um animal, somente as galinhas. Era mulher de paz. Não tinha certeza se o que sentia por aquele homem magrelo, esquisito, presença constante diante dos seus olhos que passavam a maior parte do dia vislumbrando a paisagem morta do quintal, era ódio, revolta ou piedade. Era um coitado inofensivo e se tinha suas loucuras, que ficasse com elas. No

fundo, ela estava fazendo uma caridade para eles, a velhinha italiana e Célo. Ademais, a velha pagava. Desde que o italiano morrera pela segunda vez, sim, porque a primeira morte dele já tinha acontecido na Itália, na 2ª Guerra, a velha não deixara de pagar um aluguel sequer. Era honesta. Branquinha, esperta e honesta. Sofria por dentro com aquele filho tão sem utilidade. Aquele corpo que vagava, dizia coisa sem coisa, parava, dormia, esculpia. Que belo artista – como diriam – que belo artista.

Num sábado, logo depois do almoço, como de costume Teca lavava sua roupa. Roupas íntimas, roupas de cama e banho, dentro de seu vestido desbotado, outrora de um estampado colorido, parada em cima de suas chinelas gastas. Esfregava e ensaboava cada peça. Vez por outra afastava seus cabelos negros e compridos da frente dos olhos com as costas da mão, protegendo-se para que a espuma que escorria entre seus dedos não lhe atingisse os olhos. De lábios semicerrados, emitia um som agradável como uma melodia que lhe fosse muito familiar. As mesmas notas entoadas sob o chuveiro. Era uma melodia bonita e constante.

Ela não era nem triste nem alegre, quase indiferente ao mundo que a cercava. Passava seus dias entre trabalho e trabalhar. Existia, não vivia.

Que idade poderia ter? Vinte? Trinta? Mais ou menos? Seria feliz? O que costumava ela fazer quase todas as noites, quando chegava em geral tão tarde e sempre sozinha. Era muito estranha aquela moça-mulher. Misteriosa, gentil e sorridente. Seu rosto marcado pela amargura, de vez em quando se tornava jovem, quase infantil. Pura. A vida lhe dera muitas tristezas ou lhe furtara as melhores coisas. Era simplesmente uma mulher só, misteriosa, principalmente misteriosa. Vestia-se de maneira sóbria, não gostava de se pintar, andava como se pisasse pedras do chão de um convento. Ela contara ao Célo sobre sua vocação. Quisera ser freira uma vez. O único homem que realmente amou abandonou-a sem explicações. Os castelos que ela construíra haviam desabado, virado nada, porque sem ele, o que restava pra ela era nada. Era um caso raro. Desiludira-se por completo dos homens. Nem todos são iguais, a velha italiana lhe dizia sempre, você ainda é moça, quem sabe vai achar o homem que realmente merece você. Mas nada. Ela não acreditava nisso. O trabalho e a solidão eram seus companheiros. Trabalhava na creche, cuidava das crianças, filhos de mães que trabalhavam e não tinham com quem deixar seus filhos. Era cansativo, as crianças são difíceis de controlar, de entender e satisfazer suas vontades, atender seus pedidos. Eram pobres.

Teca não se envolvia com os demais moradores daquele miserável cubículo, era independente e só. Não recebia visitas, não tinha amigos. Parecia uma pedra preciosa ainda não lapidada. Não descoberta, vagava na massa compacta da água do mar, fazendo cócegas na areia e nas pedras junto às grandes rochas imersas no silêncio e no ruído constante provocado pelas fortes ondas. Ela amava Célo, era impossível que não. Ficaria com ele, viveria com ele. Nunca disse nada parecido com isso, mas podia-se notar. Existia um fio de equilíbrio entre os dois. Partindo-se aquele fio, ela se entregaria a ele. Amaria Célo ali mesmo, no chão, no cimento sujo daquele frio quintal. Seus olhares eram insinuantes, diziam coisas que Célo não captava, não por sua culpa, mas porque, na verdade, ele não entendia palavras transmitidas por olhar. Outro teria agido de modo diferente. Outro, contudo, não teria merecido a atenção, a dedicação, a quase entrega de Teca. Era um amor estranho, puro. Teca era pura. Sonhava às vezes que Célo era seu companheiro e a ele se entregava. Eram sonhos e ela não os compreendia bem. Conscientemente, não tinha ilusões, não esperava encontrar ninguém. Perdera o grande amor que tivera. Por vezes pensou em acolher Célo em seu quarto, mas ao mesmo tempo afastava isso da mente, não ficaria bem. Ninguém entenderia jamais o que os unia e a censura, sua própria autocensura, a impedia de continuar imaginando o que poderia resultar de Célo em seu quarto.

Teca parou, juntou suas peças de roupa e se dispôs a estendê-las como de hábito. Célo apressou-se em ajudá-la. Interrompeu sua contemplação quase estática e mais preso agora aos movimentos de Teca, que se aninhava sobre o banquinho ao lado da porta do quarto, do que nas próprias peças de roupa, começou como que automaticamente a esticá-las no varal de arame amparado pela estaca de bambu. Depois voltou e sentou-se junto dela. Ela também o observava. A tarde caía, o sol despedia-se do sábado prometendo voltar no domingo. O pátio estava claro. Teca falou, pousando levemente a mão sobre a cabeça de Célo junto de si: *Sabe, Célo, gosto muito de você, como eu para você, você é meu único amigo. Você me quer, gosta de mim, me ajuda.*

O quintal estava em silêncio. Ouvia-se apenas o gotejar da torneira do tanque que vazava sempre. As galinhas se juntavam umas às outras no poleiro improvisado e Budi, o vira-latas, cochilava como um nobre sobre o sujo tapetinho de crochê, nem se importando com os mosquitos que o assediavam. A mãe de Célo havia saído para entregar as camisas passadas na pensão da esquina. Fora do quintal, carros passavam ao longe produzindo ruídos de motor, algumas crianças jogavam bolas na rua e seus gritos eram por vezes estridentes. Uma buzina, um riso, um grito eram as testemunhas de que havia vida por perto. Os outros moradores também não estavam. Picando o som do silêncio do pátio, o pio agudo de um passarinho que passava voando, levando no bico o alimento para o ninho. Outro pio, pardais à tarde.

Teca continuou: *É uma pena que você não possa sair daqui, que nós não possamos. Você é uma pessoa tão importante pra mim. Um artista, mas ninguém reconhece isso em você. Eles não sabem aquilatar o valor dos seus trabalhos, não o podem compreender. Que pena. Se eu pudesse, se tivesse dinheiro bastante, iria embora com você pra bem longe. Iríamos viver num palácio com médicos que cuidassem de você, mesmo que cobrassem caro, eu poderia pagar. Aplicariam em você aquelas injeções caras, importadas, e fariam com que você visse a realidade das coisas sem sofrer, aos poucos, até que um dia o rei teria alta e então nós dois poderíamos pensar só em nós. Aí sim, poderíamos esquecer todas as coisas que passaram, todas as pessoas que ficaram para trás, isto aqui, esquecer este quintal.*

Célo não tinha muito que esquecer, nem queria.

Vivia naquele quintal como se fosse parte dele. Tinha Teca nos fins de semana, assistia aos seus banhos, motivava-se a se vestir melhor, a se calçar. Ajudava-a, amava-a. Longe dela não havia muita motivação além dos entalhes nos pedaços de pau. Às vezes Célo se admirava através do pequeno espelho enferrujado que trazia consigo, junto ao seu material de trabalho. Nem sempre. Quando próximo aos seus delírios, se olhava no espelhinho e via nele imagens retorcidas, hediondas. Vermes e sangue.

Tinha medo e ficava furioso, gritava com as imagens que só sua mente decifravam, agia como se quisesse destruí-las para logo depois se entregar a uma longa pausa de meditação e abstração. Quando chovia muito, não saía do quarto da mãe. Sentava-se num canto, lia e relia um velho e ensebado livro que guardava há anos.

Era sempre a mesma história mas ele a lia com atenção renovada e o interesse pela leitura e ilustrações o detinham por algum tempo. Depois se cansava e procurava dormir, outras vezes, cantarolar melodias sem muita harmonia. Não conseguia nunca lembrar-se daquela que era sempre cantada por Teca.

Mas hoje é sábado, Teca está aqui tão perto. Ela acabara de falar e fizera uma pausa. Célo desligou-se dela por instantes, abstraiu-se. Lentamente ergueu-se do chão, do lado de Teca, e subiu pelos degraus enegrecidos que conduziam ao portão de ferro. Parou, sacudiu-o inutilmente. O barulho dos ferros quebrou o silêncio monótono. Permaneceu ali alguns segundos. Teca o observava. De repente, virou-se de frente. Assumiu uma postura solene e envolvendo-se nos seus trajes fictícios, desceu pausadamente os degraus, não como Célo, o enclausurado, mas sim, como um soberano. Sem falar. Olhar distante. Teca, vendo-o aproximar-se, levantou e curvou-se diante de tão importante pessoa. Ele encostou-se nas pedras do muro. Teca sentou-se novamente e sorriu. Lembrou-se que ainda não acabara seu serviço e apanhou mais um punhado de roupa para lavar. Abriu a torneira e a água jorrou.

Célo acomodou-se mais perto de Teca e fixou nela seu olhar estranho, perdido, mas repousado sobre ela. Repentinamente deixou-se mergulhar em suas fugas alucinatórias....

Suas mãos de início comprimiam suas fontes. O olhar continuava fixo e estranho. A água da torneira lhe parecia agora uma cascata enorme, caindo do alto do rochedo, por onde ele mergulhava de cabeça erguida. Seu corpo era limpo e vibrante como cordas de harpa, suas mãos imensas e suas vestes transparentes. Atravessou a massa de água e logo após seus pés pisavam a grama macia, e as águas agora eram calmas e beijavam a borda do lago. Mais além, um amontoado de cabeças horríveis olhava-o em silêncio. Parecia um buquê de flores, um só corpo com tantas cabeças horrendas.

Budi latia para espantar aquele monstro. Célo correu, correu muito e a chuva grossa que começou a cair fustigava seu rosto impiedosamente. Os trovões despejavam seus sons pesados sobre as nuvens que se rachavam com os relâmpagos incessantes. Estacou sob uma árvore que mais parecia um corpo humano, o seu corpo esquálido. A chuva cessou. Descansou alguns segundos. Por entre a terra úmida uma fumaça rasteira emergia. Seus pés pisavam-na apressados conduzindo-o ao seu palácio. O espelho estava em suas mãos. Mirou-se nele. Sorriu. Sua imagem era linda. Estava coroado. Mostrava o rei. Rapidamente, a imagem refletida se transformava numa grande rosa abrindo-se da qual surgia o pálido rosto de Teca, a musa. Deparou-se em seguida diante de uma larga coluna e lá estava ao seu lado o rosto dourado de Teca. Suas vestes esvoaçantes eram transparentes, brancas. Seus olhos como pedras reluzentes. Seus lábios uma flor. Deram-se as mãos e saíram. O caminho era branco, infinito. Ao longe brilhava o sol. Pararam muito juntos, os corpos quase colados. Beijaram-se. Puros. Em volta, o salão majestoso os acolhia. Suas vestes caíram. Deitaram-se.

Através de suas roupas que esvoaçavam como cortinas, viam-se ao longe dois corpos unidos, que se amavam. A relva verde, intensamente verde era o seu leito. Flores cercavam-nos. Entregues, totalmente unidos, permaneceram horas, dias, uma eternidade. Formaram um só corpo, uma só mente, uma só mente doentia, insana.

No pátio, o ruído do cadeado que se abria. Dona Dina surgiu gorda e feia. Descia os degraus em direção aos amantes. Descia a escada altíssima de maneira pesada. Seu corpo era flácido. Budi, o cão serenamente ao seu lado. Ele estava acordado.

Célo a esperava com suas roupas de rei. Em pé. Diante do grande portal do palácio. Com seus coturnos pesados e sua coroa, esperava por ela. A voz rouca e tronitoante de Dona Dina se fez ouvir. *Teca, quero falar com você*. O cão assustou-se com sua voz. Correu para junto de Teca que se debruçava sobre a beira da lago. O cão ladrou forte, um som esganiçado. Gritou de dor como se alguém lhe tivesse pisado a pata.

Teca assustou-se e parou como uma massa. Sorriu. Tudo isso se passou numa fração de segundos. Dona Dina não estava mais alí. Célo correu para Teca empunhando seu cetro. Seu corpo, a massa de seu corpo estava imóvel e se notava apenas um sorriso nos lábios, nada mais havia. Ele era um gênio. Um artífice. Esculpiu nas costas de Teca a forma do ombro. Ela virou-se, criou vida, cantou a melodia costumeira. No peito, cravando seu pedaço de pau com ponta afiada, contornou o desenho do busto. Com os trapos limpava o sangue que vertia de suas feridas. Ainda com o pedaço de pau e o auxílio do martelo, desenhou-lhe o rosto, a cintura. Budi ao seu lado lambia o sangue que escorria através dos pedaços da massa disforme que Célo esculpia.

A canção de Teca cessara. O sol já se tinha deitado. O silêncio continuava e o sangue escorria através dos pedaços da massa disforme que Célo esculpia...

*Portrait*

*No palco do Municipal de São Paulo, onde tudo começou*

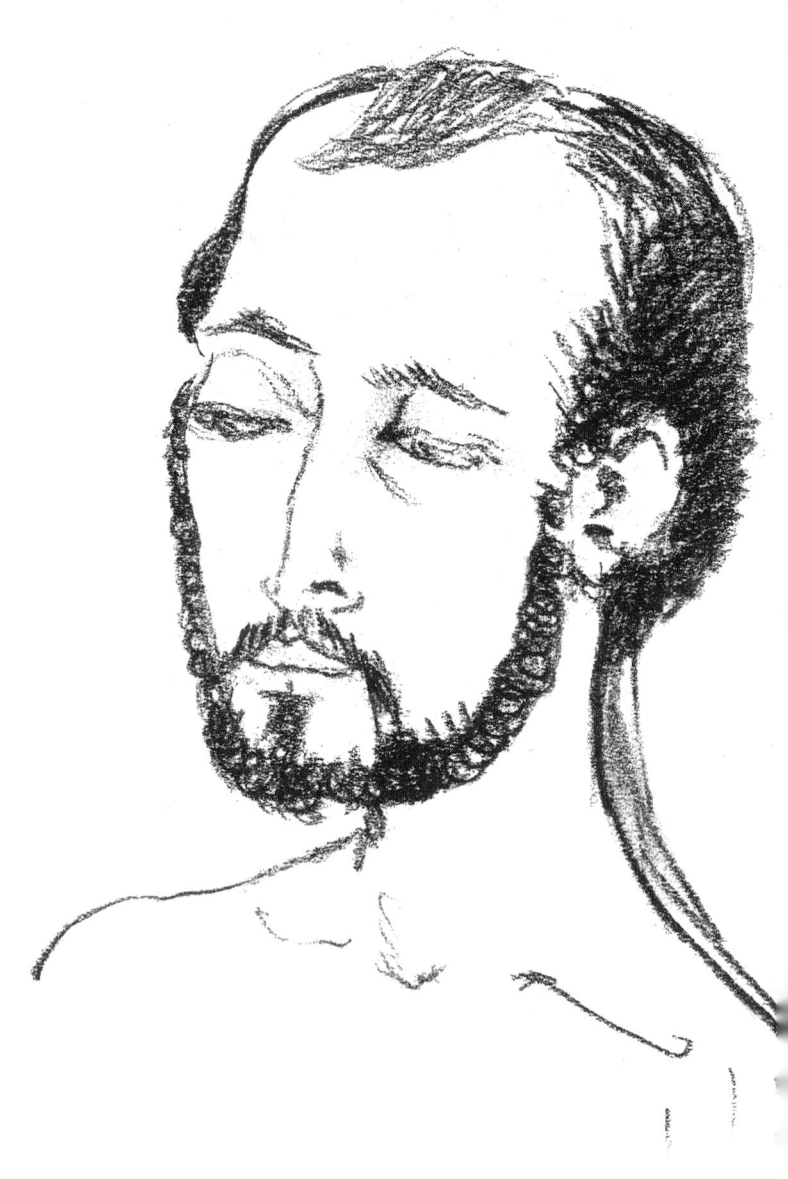

*Caricatura, por Jonas Block*

## Epílogo

## A Vida fez de mim um Livro... E Eu não sei Ler!

Pois é, fica o dito e redito por não dito... mas como todo início ou prefácio tem que ter um epílogo, não posso sair através da capa final sem agradecer a você que carinhosamente me prestigiou com sua leitura.

Devo também um agradecimento especial e de coração ao jovem e talentoso *Felipe Bosso Brida* por ter me colocado na berlinda da vida e na relação de biografados da *Coleção Aplauso*. Sem ele a vida não teria feito de mim um livro.

Tenho que agradecer também a delicadeza e sensibilidade desta querida mulher que é *Eliana Pace*. Com talento e jogo de cintura, me ajudou a levar a cabo esta empreitada que, confesso, por vezes, doeu, machucou, feriu e fez sofrer no processo de ditar, transcrever, editar e publicar a mera e simples história até aqui vivida.

Finalmente um obrigadão *grifado* para o amigo e excelente profissional *Windsor M. Borges* que muito nos ajudou.

Obrigado.

**Paulo Hesse**

# Amigos

*Com Cléo Ventura*

*Com Ruthnéa de Moraes e Marco Nanini*

*Em sua festa de 40 anos, com Miriam Batucada e Lú, Annamaria Dias, Ney Latorraca, Cléo Ventura e Maricene Costa*

Com Rubens Ewald Filho, Mario Bienvenutti e Carlos
Alberto Riccelli

*Com Leona Cavalli, Ney Latorraca e Lú Franco*

*Com Luiz Serra, Analy Alvarez e Neuzinha*

*Com Etty Fraser*

*Com as amigas Zilka e Vivi*

*Com sua prima Solange*

*Na festa de seus 60 anos, com Blanche Torres e Ney Latorraca*

*Com Luiz Franco*

No lançamento do livro de Ana Rosa

*Com os amigos Vivi, Zilka, Ronaldinho e Olga*

*Com a equipe do espetáculo institucional* A Hora H

*Caricaturas, por Valério*

# Cronologia

## Carreira

Escola de Arte Dramática – atuação como aluno–ator/diretor
*Terror e Miséria do III Reich*, de Bertold Brecht
*O Mestre*, de Ionesco
*Os Espectros*, de Henrik Ibsen
*Pedro Pedreiro*, de Renata Pallotini
*Balada de Manhattan*, de Léo Gilson Ribeiro
*Joana D'Arc*, de Claudel
*Entre Quatro Paredes*, de Jean-Paul Sartre
*As Alegres Comadres de Windsor*, de William Shakespeare
*A Incelença*, de Luiz Marinho
*O Relicário*, de Coelho Neto

## Teatro

**2006**
• *O Inimigo do Povo* – H. Ibsen
Direção: Sergio Ferrara. Papel: Peter Stockmann – prefeito

**2004**
• *De Cara com o Avesso* – Neir Ilelis
Direção: José Renato. Papel: Marmita

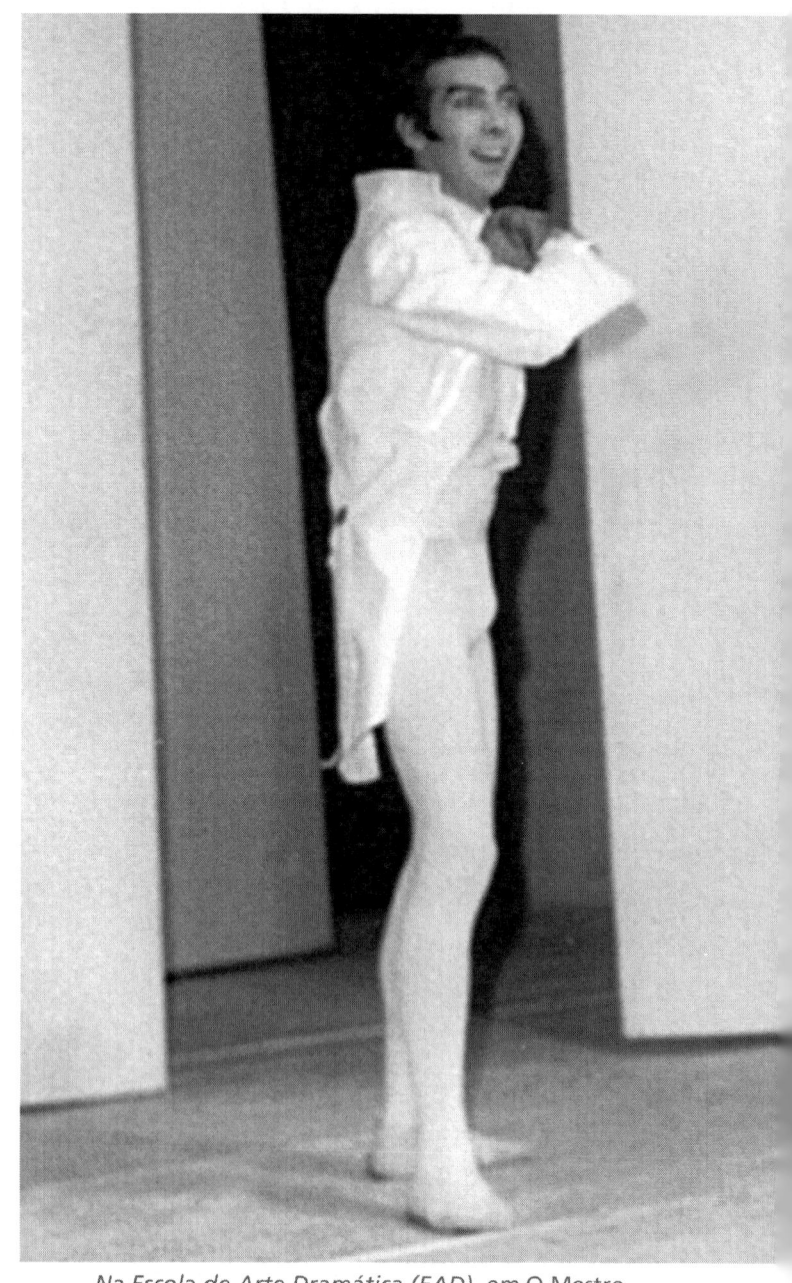

*Na Escola de Arte Dramática (EAD), em* O Mestre

*Na Escola de Arte Dramática (EAD), em O Mestre, com Zé Carlos Andrade, Maria Hilma, Maria Eugênia De Domenico e Luiz Janô*

*Na Escola de Arte Dramática (EAD), programa de* Balada de Manhattan

Uma obra de:
*NEIR ILELIS*

Sylvia Bandeira

Paulo Hesse

Adriana Ferrari

Francarlos Reis

Taiguara Nazareth

Temporada de
15/07 à 10/10

Sex. e Sáb. às 21:00 hs
Dom. às 19:00 hs

*Cartaz de* De Cara com o Avesso

**2003**
• *A Importância de Ser Fiel* – Oscar Wilde
Grupo Tapa – Direção: Eduardo Tolentino. Papel: Cônego Shaseble

**1998**
• *Viva o Demiurgo* – Paulo Pélico
Direção: Bibi Ferreira. Papel: Seu Ernesto

**1994**
• *Fim de Papo* – Marcos Caruso
Direção: Silnei Siqueira. Papel: Dantas

• *Sua Excelência o Candidato* – Marcos Caruso e Jandira Martini
Direção: Bibi Ferreira. Papel: Atos

**1993**
• *Pigmaleoa* – Millor Fernandes
Direção: Jaques Lagoa. Papel: Padre Anunciação

**1990**
• *Confusão na Cidade* – Carlo Goldoni
Direção: Osmar Rodrigues Cruz. Papel: Tófolo Marmota

**1988**
• *Onde Canta o Sabiá* – Gastão Tojeiro
Direção: Osmar Rodrigues Cruz. Papel: Antonio

rupo TAPA
apresenta

Dalton Vigh

athalia
imberg

árbara

*A Importância de ser Fiel*

de Oscar Wilde

Direção:
Eduardo Tolentino de Araújo

Etty Fraser

Brian Penido Ross

Elisa Cchorsts

Paulo Hesse

Guilherme Sant'Anna

## Quinta, Sexta e Sábado 21 h - Domingo 19 h
## Teatro Imprensa - Rua Jaceguai, 400 - Fone: 3241-4203

*Cartaz de* A Importância de Ser Fiel

Cartaz de Viva o Demiurgo

BEN HUR
PRODUÇÕES
ARTISTICAS

APRESENTA

# FiM de PAPO

## uma comédia de Marcos Caruso

**Hedy Siqueira**    **Paulo Hesse**

**Claudia Mello**    **Zécarlos de Andrade**

**Maria Clara Fernandes**    **Adriana Wohlers**

TRILHA SONORA:
Sérgio Tastaldi

GURINOS:
carlos de Andrade

ILUMINAÇÃO:
Wagner Rocha Freire

DIREÇÃO:
Silnei Siqueira

TEATRO
MAKSOUD
PLAZA

Al. Campinas150, FONE: 253 4411

Status Tecidos
SALÃO NEW M. BEAUTY
By Werner
RIA DO RELÓGIO ANTIGO
Fademac
DECORFLEX

AREZZO

Bruno Minelli

CADERNO2
FRAN
UNIFORMES
A
AVON

FERRAGENS
JAMAL

*Cartaz de Fim de Papo*

*Na peça Confusão na Cidade, com Ruthnéia de Moraes e Thais de Andrade, no Teatro do Sesi*

Na peça Onde Canta o Sabiá, *com Salete Fracarolli, no Teatro do Sesi*

**1987**
• *O Feitiço* – Oduvaldo Vianna
Direção: Osmar Rodrigues Cruz. Papel: Nhonhô

**1986**
• *Larga do meu Pé* – G. Feydeau
Direção: Luiz de Lima. Papel: Fodoff

**1985**
• *Pô Romeu* – E. Kishon
Direção: Adriano Stuart. Papel: Shakespeare

**1984**
• *Se Nureyev Pode por que eu não Posso?* –
Paulo Hesse
Direção: João Albano. Papel: Francis

**1982**
• *Bent* – M. Shermann
Direção: Roberto Vignati. Papel: Tio

• *Tá Boa Santa?* – Fernando Mello
Direção: Alvinho Guimarães. Papel: Ananias

**1981**
• *A Ideia Fixa* – Norberto Conti
Direção: Carlos Alberto Soffredini. Papéis: Bombeiro e Psicanalista

**1980**
• *El Grande de Pepsi-Cola* – D.White
Direção: Carlos Simone. Papel: Don Pepe Hernandez

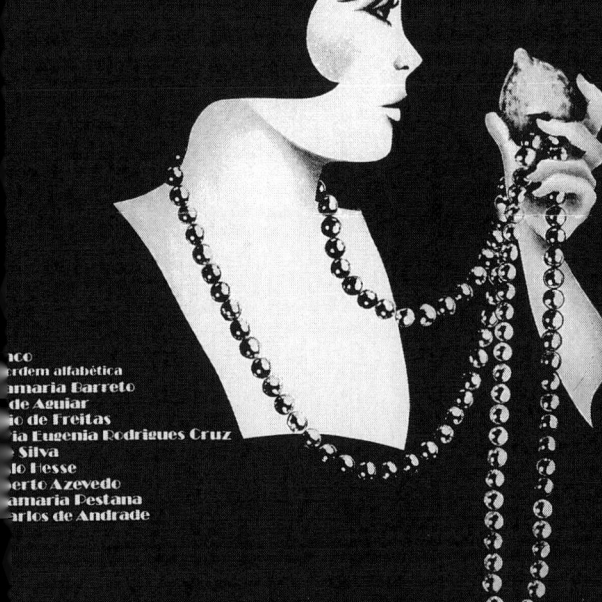

**"FEITIÇO"**

de ODUVALDO VIANNA

reção
SMAR RODRIGUES CRUZ
enários e figurinos
CARLOS DE ANDRADE

co
rdem alfabética
maria Barreto
de Aguiar
o de Freitas
ia Eugenia Rodrigues Cruz
Silva
lo Hesse
erto Azevedo
amaria Pestana
arlos de Andrade

**TEATRO POPULAR DO SESI**
AV. PAULISTA, 1313

CONVITES GRÁTIS

Entidade criada, mantida e administrada pela indústria

*Cartaz de* Feitiço

GRÊMIO DRAMÁTICO CARIOCA apresenta

# LARGA DO MEU PÉ

VAUDEVILLE EM 3 ATOS DE GEORGES FEYDEAU. — com

**SANDRA BREA**                    **JONAS BLOCH**

LUIS DE LIMA                    TÂNIA NARDINI
ROSITA THOMAS LOPES             CLÁUDIO MAMBERTI
PAULO HESSE                     NÁDIA NARDINI
MÁRIO BORGES                    DAÚDE
ATAÍDE ARCOVERDE                MARCOS PALMEIRA
HELIO GUERRA                    MARIA LÚCIA DAHL (par

pianista
MARSHALL NETHE

Direção, tradução e ad
LUIS DE L

## NO TEATRO VILLA LOBOS

Diretor assistente: LUIZ FERNANDO LOBO • cenário: CLÁUDIO MOURA • figurinos: KALMA MURTINHO • música: DAVID TYGEL • coreografia: LUIZ BORONI
PRODUÇÃO DO GRUPO IQC PARTICIPAÇÕES/FUNFIP E CACÁ TEIXEIRA
GOV. DO ESTADO DO RIO DE JANEIRO - SECRETARIA DE ESTADO DE CIÊNCIA E CULTURA - FUNARJ

*Cartaz de* Larga do Meu Pé

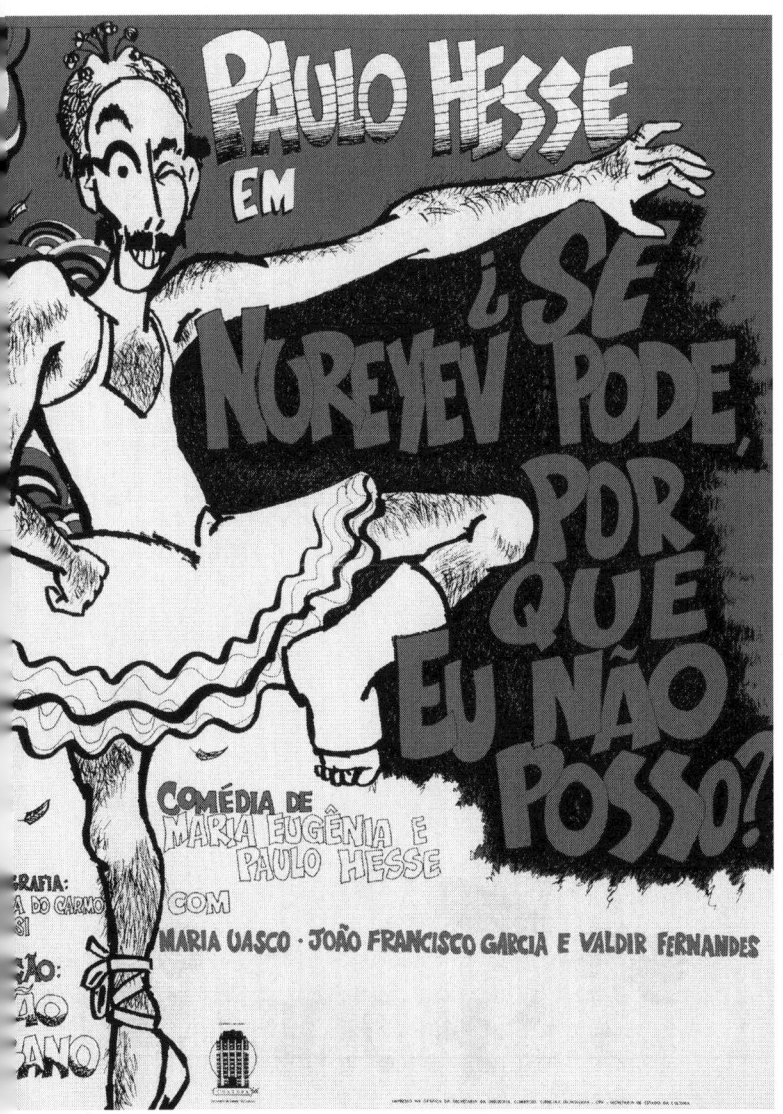

*Cartaz de* Se o Nureyev Pode Por Que Eu Não Posso?

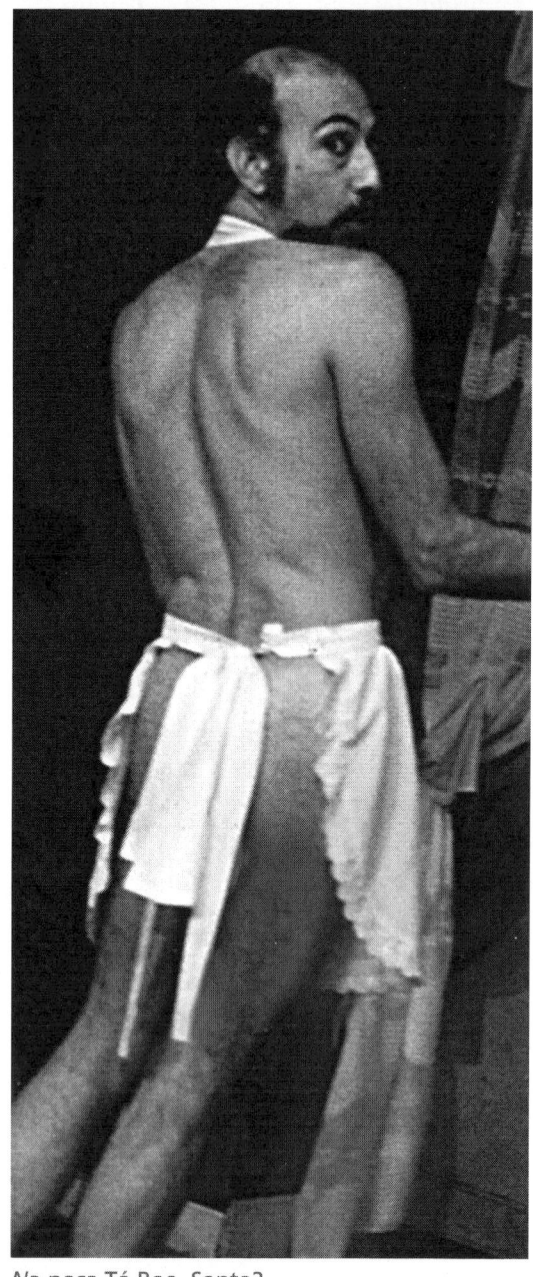

*Na peça* Tá Boa, Santa?

**1977**
• *A Infidelidade ao Alcance de Todos* – Lauro César Muniz
Direção: Altair Lima. Papéis: Os cinco maridos

**1976**
• *Alegro Desbum* – Oduvaldo Vianna Filho
Direção: José Renato. Papel: Protético

**1975**
• *Dr. Zote* – Nery G. Maria
Direção: Tereza Aguiar. Papel: Dr. Zote

**1974**
• *Mulheres a Bordo* – J. Wise
Direção: Eloy Araújo. Papel: Hennesey

403

**1973**
• *Check Up* – Paulo Pontes
Direção: Antunes Filho. Papel: Meu Filho

• *Lucia Elétrica de Oliveira* – Claudia de Castro
Direção: Paulo Hesse

**1972**
• *Abelardo e Heloísa* – R. Millar
Direção: Flávio Rangel. Papel: Alberico de Reihns

• *O Auto da Compadecida* – Ariano Suassuna
Direção: João Cândido. Papel: João Grilo

*Cartaz de* Doutor Zote

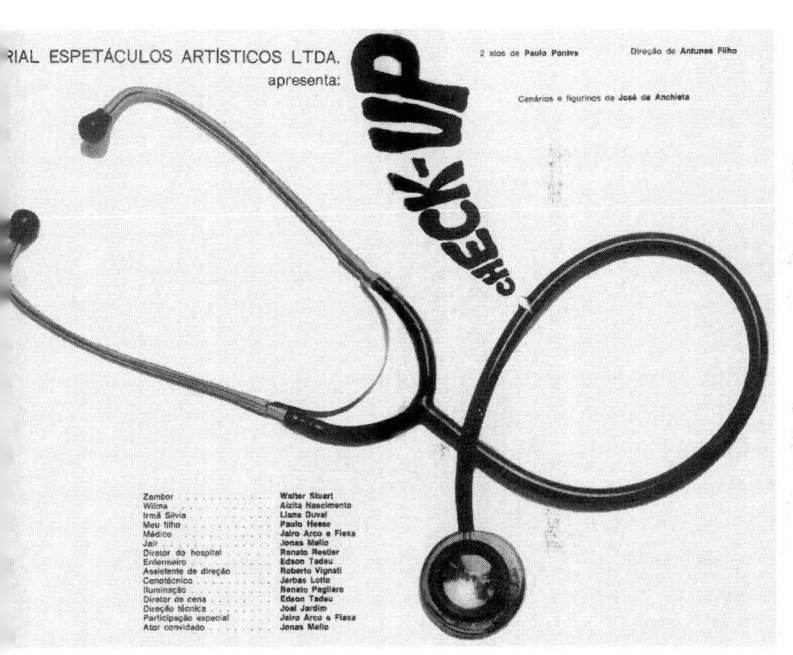

Cartaz de Check Up

# AUTO DA COMPADECIDA
### de Ariano Suassuna

*Programa de* O Auto da Compadecida

• *O Santo Milagroso* – Lauro César Muniz
Direção: L. C. Muniz. Papel: Pastor Camilo

**1971**
• *As Aventuras de Peer Gynt* – Henrik Ibsen
Direção: Antunes Filho. Papéis: Rei de Dovre /
Mr. Ballon / Pastor/ Felá

• *Natal na Praça* – H. Gheon
Direção: Ewerton de Castro. Papel: Herodes

**1970**
• *Pena que ela Seja uma P...* – John Ford
Direção: Roberto Vignati. Papel: Vasquez

• *Fim de Jogo* – Samuel Beckett
Direção: Osvaldo Mendes. Papel: Clóv

• *Macbeth* – Shakespeare
Direção: Fauze Arap. Papéis: Nobre Ross e Rei
Duncan

**1966**
• *Antigone* – Sófocles
Direção: Benjamin Cattan. Papel: personagem
do Coro

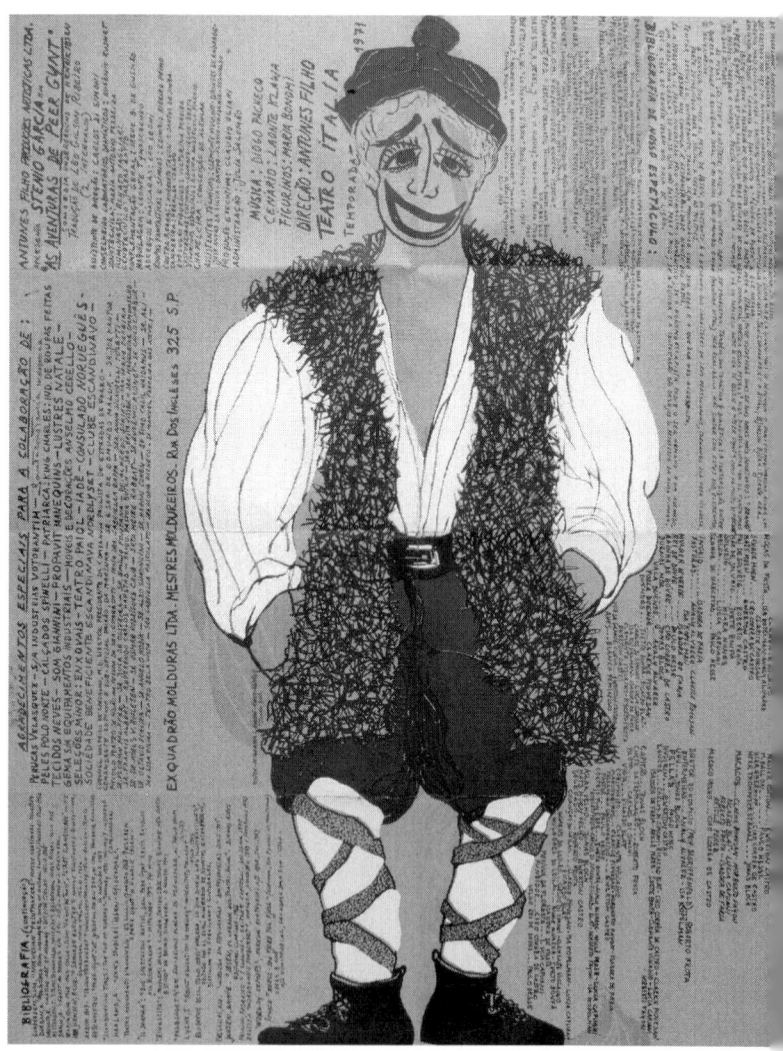

*Cartaz de* Peer Gynt

## Cinema

**2000**
• *Bellini e a Esfinge* – Tony Bellotto
Direção de Roberto Santucci Filho. Papel: Dr.
Rachid Rafidjian

• *Sonhos Tropicais* – André Sturm
Direção – André Sturm. Papel: Senador

**1980**
• *O Desconhecido*
Argumento e direção de Ozualdo Candeias.
Papel – Profeta visionário

• *Império das Taras*
Direção de José Adalto Cardoso. Papel: Pacheco

• *O Baiano Fantasma*
Texto e direção de Denoy de Oliveira. Papel:
Reméla

• *O Homem do Pau Brasil*
Direção de Joaquim Pedro de Andrade. Papel:
Mario de Andrade

**1976**
• *O Ibrahim do Subúrbio* – Pedro Rovai
Direção de Astolfo Araújo e Cecil Thiré. Papel:
Roy, o Gargalhador (Protagonista)

• *A Árvore do Sexo* – Silvio de Abreu e Rubens Ewald Filho
Direção de Silvio de Abreu. Papel: Pacheco

• *Pintando o Sexo* – Jomil Filmes
Direção de Egydio Eccio. Papel: Léo

• *Damas do Prazer* – Alfredo Palácios
Direção de Antonio Meliande. Papel: Corsário

**1974**
• *A Super Fêmea* – Aníbal Massaini
Direção de Aníbal Massaini Neto. Papel: Repórter Giba Um

• *A Casa das Tentações* – Rubem Biáfora
Direção de Rubem Biáfora. Papel: Mercador

• *O Signo de Escorpião* – Aníbal Massaíni
Direção de Carlos Coimbra. Papel: Beto

**1973**
• *O Quintal* – Curta-Metragem – Paulo Hesse
Direção de Luiz A. Pio. Papel: Célo

**1972**
• *Livre Sol* – Curta-Metragem – Luiz A. Pio
Direção de Luiz A. Pio. Papel: Sobrevivente

  apresenta uma produção FILMES

# PINTANDO O SEXO

Colorido

**MEIRY VIEIRA**

Paulo Hesse   Durval de Souza   Célia Froes e JOSHEY LEÃO

**IRIS BRUZZI**   Roberto Giusti

CAZARRÉ   Lisa Negri   Linda Gay   Silvia Gless   Glaucia Maria

direção
EGYDIO ECCIO
JAIRO CARLOS

*Cartaz de* Pintando o Sexo

*Cartaz de O Signo de Escorpião*

*No curta-metragem* Livre Sol, *com Ivete Bonfá*

## Televisão
Novelas, Teleteatros, Minisséries e Séries

### 2004
**• *Senta que lá vem Comédia***
Peça: O defeito de família. De França Junior. Direção de John Herbert. Papel : Mordomo alemão – TV Cultura

### 2000
**• *O Cravo e a Rosa***
Novela de Walcyr Carrasco. Direção: Walter Avancini e Mario Marcio. Papel: Delegado Sansão – TV Globo

### 1998
**• *Mandacaru***
Novela de Calixto de Inhamuns e Douglas Salgado. Direção: Walter Avancini / Pilar/ Lizâneas/ Ivan Zetel. Papel: Ferreirinha – TV Manchete

### 1997
**• *Direito de Vencer***
Minissérie de Ronaldo Ciambroni. Direção: Atílio Riccó. Papel: Rodrigo – TV Record

### 1996
**• *Razão de Viver***
Novela de Analy Alvarez, Chico de Assis, Zeno Wilde e Nara Gomes. Direção: Nilton Travesso/

Del Rangel/ Henrique Martins. Papel: Humprey
– SBT

**1994**
• *Éramos Seis*
Novela de Silvio de Abreu e Rubens Ewald Filho
Direção: Nilton Travesso/ Del Rangel/ Henrique
Martins. Papel: Higino – SBT

**1987/1989**
• *Veja o Gordo*
Programa Humorístico. Autores: Jô Soares,
Max Nunes, Hilton Marques. Direção: Willen V.
Verelt – SBT

**1986**
• *Selva de Pedra*
Novela de Regina Braga e Eloy Araujo. Direção:
Denis Carvalho. Papel: Isaac – TV Globo

**1985**
• *Jerônimo*
Novela
Direção: Antonino Seabra. Papel: Dr. Pileque – SBT

**1984**
• *Rabo de Saia*
Texto de Walter George Durst. Direção: Walter
Avancini – Minissérie – Papel: Sólon Macedo –
TV Globo

*No programa* Veja o Gordo, *de Jô Soares, no SBT*

• *Meus Filhos, Minha Vida*
Novela de Crayton Sarsy e Henrique Lobo. Direção: Antonino Seabra. Papel: Camargo – SBT

**1982**
• *Anarquistas Graças a Deus*
Adaptação de obra de Zélia Gattai. Direção: Walter Avancini – Minissérie – Papel: Amadeu Strambi – TV Globo

**1981**
• *Cinco Panelas de Ouro*
Texto de Sergio Jockyman. Direção: Edson Braga Seriado – Papel: Padre Zoroastro – TV Cultura

**1980**
• *Dulcineia Vai à Guerra*
Novela de Sergio Jockyman. Direção: Walter Avancini e Henrique Martins. Papel: Demóstenes – TV Bandeirantes

• *O Desconhecido*
Texto e direção de Ozualdo Candeias
Microssérie – Adaptada do filme homônimo – TV Cultura

**1979**
• *As Gaivotas*
Novela de Jorge de Andrade. Direção: Henrique Martins e Antonino Seabra. Papel: Fernando – TV Tupi

**1978**
**• *Salário Mínimo***
Novela de Chico de Assis e Walter Negrão. Direção: Henrique Martins. Papel: Bruno – TV Tupi

**1977**
**• *Cinderela 77***
Novela de Walter Negrão e Chico de Assis. Direção: Edson Braga e Antonio Mattos. Papel: Camaleão, o Magnífico – TV Tupi

**1975**
**• *O Sheik de Ipanema***
Novela de Sergio Jockyman. Direção: Luiz Galon. Papel: Calixto – TV Tupi

**• *O Velho, o menino e o Burro***
Novela de Carmem Lidia. Direção: Edson Braga e Antonio Mattos. Papel: Padre Pinto – TV Tupi

**1974**
**• *O Machão***
Novela de Sergio Jockyman. Direção: Luiz Galon. Papel: Dr. Valcourt – TV Tupi

## Prêmios

**Prêmio APCA** – Associação Paulista de Críticos de Arte – 1974 – Ator coadjuvante na novela *O Machão*, TV Tupi

**Prêmio *Grife*** – 1973 – Melhor ator no Festival de Curta-Metragem, no filme *O Quintal* de L.A. Pio

**Prêmio APCT** – Associação Paulista de Críticos Teatrais – 1970 – Ator revelação em teatro pelo conjunto de trabalhos.

*Painel de Luiz Damaceno*

Dá-me, é por mérito, *no British Museum*

# Índice

## Crédito das Fotografias

Alexandre Dinis  385, 369

Windsor M. Borges  23, 38, 40

Demais fotografias pertencem ao acervo de Paulo Hesse

A despeito dos esforços de pesquisa empreendidos pela Editora para identificar a autoria das fotos expostas nesta obra, parte delas não é de autoria conhecida de seus organizadores.
Agradecemos o envio ou comunicação de toda informação relativa à autoria e/ou a outros dados que porventura estejam incompletos, para que sejam devidamente creditados.

## Coleção Aplauso

*O Caçador de Diamantes*
Roteiro de Vittorio Capellaro, comentado por Máximo Barro

*Carlos Coimbra – Um Homem Raro*
Luiz Carlos Merten

*Carlos Reichenbach – O Cinema Como Razão de Viver*
Marcelo Lyra

*A Cartomante*
Roteiro comentado por seu autor Wagner de Assis

*Casa de Meninas*
Romance original e roteiro de Inácio Araújo

*O Caso dos Irmãos Naves*
Roteiro de Jean-Claude Bernardet e Luis Sérgio Person

*O Céu de Suely*
Roteiro de Karim Aïnouz, Felipe Bragança e Maurício Zacharias

*Chega de Saudade*
Roteiro de Luiz Bolognesi

*Cidade dos Homens*
Roteiro de Elena Soárez

*Como Fazer um Filme de Amor*
Roteiro escrito e comentado por Luiz Moura e José Roberto Torero

*O Contador de Histórias*
Roteiro de Luiz Villaça, Mariana Veríssimo, Maurício Arruda e José Roberto Torero

*Críticas de B.J. Duarte – Paixão, Polêmica e Generosidade*
Luiz Antonio Souza Lima de Macedo

*Críticas de Edmar Pereira – Razão e Sensibilidade*
Org. Luiz Carlos Merten

*Críticas de Jairo Ferreira – Críticas de invenção:*
*Os Anos do São Paulo Shimbun*
Org. Alessandro Gamo

*Críticas de Luiz Geraldo de Miranda Leão –*
*Analisando Cinema: Críticas de LG*
Org. Aurora Miranda Leão

*Críticas de Ruben Biáfora – A Coragem de Ser*
Org. Carlos M. Motta e José Júlio Spiewak

*De Passagem*
Roteiro de Cláudio Yosida e Direção de Ricardo Elias

*Desmundo*
Roteiro de Alain Fresnot, Anna Muylaert e Sabina Anzuategui

*Djalma Limongi Batista – Livre Pensador*
Marcel Nadale

*Dogma Feijoada: O Cinema Negro Brasileiro*
Jeferson De

*Dois Córregos*
Roteiro de Carlos Reichenbach

*A Dona da História*
Roteiro de João Falcão, João Emanuel Carneiro e Daniel Filho

*Os 12 Trabalhos*
Roteiro de Cláudio Yosida e Ricardo Elias

*Estômago*
Roteiro de Lusa Silvestre, Marcos Jorge e Cláudia da Natividade

*Feliz Natal*
Roteiro de Selton Mello e Marcelo Vindicatto

*Fernando Meirelles – Biografia Prematura*
Maria do Rosário Caetano

**Fim da Linha**
Roteiro de Gustavo Steinberg e Guilherme Werneck; Storyboards de Fábio Moon e Gabriel Bá

**Fome de Bola – Cinema e Futebol no Brasil**
Luiz Zanin Oricchio

**Francisco Ramalho Jr. – Éramos Apenas Paulistas**
Celso Sabadin

**Geraldo Moraes – O Cineasta do Interior**
Klecius Henrique

**Guilherme de Almeida Prado – Um Cineasta Cinéfilo**
Luiz Zanin Oricchio

**Helvécio Ratton – O Cinema Além das Montanhas**
Pablo Villaça

**O Homem que Virou Suco**
Roteiro de João Batista de Andrade, organização de Ariane Abdallah e Newton Cannito

**Ivan Cardoso – O Mestre do Terrir**
Remier

**João Batista de Andrade – Alguma Solidão e Muitas Histórias**
Maria do Rosário Caetano

**Jorge Bodanzky – O Homem com a Câmera**
Carlos Alberto Mattos

**José Antonio Garcia – Em Busca da Alma Feminina**
Marcel Nadale

**José Carlos Burle – Drama na Chanchada**
Máximo Barro

**Liberdade de Imprensa – O Cinema de Intervenção**
Renata Fortes e João Batista de Andrade

*João Bethencourt – O Locatário da Comédia*
Rodrigo Murat

*José Renato – Energia Eterna*
Hersch Basbaum

*Leilah Assumpção – A Consciência da Mulher*
Eliana Pace

*Luís Alberto de Abreu – Até a Última Sílaba*
Adélia Nicolete

*Maurice Vaneau – Artista Múltiplo*
Leila Corrêa

*Renata Palottini – Cumprimenta e Pede Passagem*
Rita Ribeiro Guimarães

*Teatro Brasileiro de Comédia – Eu Vivi o TBC*
Nydia Licia

*O Teatro de Abílio Pereira de Almeida*
Abílio Pereira de Almeida

*O Teatro de Aimar Labaki*
Aimar Labaki

*O Teatro de Alberto Guzik*
Alberto Guzik

*O Teatro de Antonio Rocco*
Antonio Rocco

*O Teatro de Cordel de Chico de Assis*
Chico de Assis

*O Teatro de Emílio Boechat*
Emílio Boechat

*O Teatro de Germano Pereira – Reescrevendo Clássicos*
Germano Pereira

*Ewerton de Castro – Minha Vida na Arte: Memória e Poética*
Reni Cardoso

*Fernanda Montenegro – A Defesa do Mistério*
Neusa Barbosa

*Fernando Peixoto – Em Cena Aberta*
Marília Balbi

*Geórgia Gomide – Uma Atriz Brasileira*
Eliana Pace

*Gianfrancesco Guarnieri – Um Grito Solto no Ar*
Sérgio Roveri

*Glauco Mirko Laurelli – Um Artesão do Cinema*
Maria Angela de Jesus

*Ilka Soares – A Bela da Tela*
Wagner de Assis

*Irene Ravache – Caçadora de Emoções*
Tania Carvalho

*Irene Stefania – Arte e Psicoterapia*
Germano Pereira

*Isabel Ribeiro – Iluminada*
Luis Sergio Lima e Silva

*Isolda Cresta – Zozô Vulcão*
Luis Sérgio Lima e Silva

*Joana Fomm – Momento de Decisão*
Vilmar Ledesma

*John Herbert – Um Gentleman no Palco e na Vida*
Neusa Barbosa

*Jonas Bloch – O Ofício de uma Paixão*
Nilu Lebert

*Paulo Betti – Na Carreira de um Sonhador*
Teté Ribeiro

*Paulo José – Memórias Substantivas*
Tania Carvalho

*Pedro Paulo Rangel – O Samba e o Fado*
Tania Carvalho

*Regina Braga – Talento é um Aprendizado*
Marta Góes

*Reginaldo Faria – O Solo de Um Inquieto*
Wagner de Assis

*Renata Fronzi – Chorar de Rir*
Wagner de Assis

*Renato Borghi – Borghi em Revista*
Élcio Nogueira Seixas

*Renato Consorte – Contestador por Índole*
Eliana Pace

*Rolando Boldrin – Palco Brasil*
Ieda de Abreu

*Rosamaria Murtinho – Simples Magia*
Tania Carvalho

*Rubens de Falco – Um Internacional Ator Brasileiro*
Nydia Licia

*Ruth de Souza – Estrela Negra*
Maria Ângela de Jesus

*Sérgio Hingst – Um Ator de Cinema*
Máximo Barro

*Sérgio Viotti – O Cavalheiro das Artes*
Nilu Lebert

*Silnei Siqueira – A Palavra em Cena*
Ieda de Abreu

## Especial

*Agildo Ribeiro – O Capitão do Riso*
Wagner de Assis

*Av. Paulista, 900 – a História da TV Gazeta*
Elmo Francfort

*Beatriz Segall – Além das Aparências*
Nilu Lebert

*Carlos Zara – Paixão em Quatro Atos*
Tania Carvalho

*Célia Helena – Uma Atriz Visceral*
Nydia Licia

*Charles Möeller e Claudio Botelho – Os Reis dos Musicais*
Tania Carvalho

*Cinema da Boca – Dicionário de Diretores*
Alfredo Sternheim

*Dina Sfat – Retratos de uma Guerreira*
Antonio Gilberto

*Eva Todor – O Teatro de Minha Vida*
Maria Angela de Jesus

*Eva Wilma – Arte e Vida*
Edla van Steen

*Gloria in Excelsior – Ascensão, Apogeu e Queda do Maior Sucesso da Televisão Brasileira*
Álvaro Moya

*Lembranças de Hollywood*
Dulce Damasceno de Britto, organizado por Alfredo Sternheim

*Maria Della Costa – Seu Teatro, Sua Vida*
Warde Marx

© **imprensaoficial** 2010

Dados Internacionais de Catalogação na Publicação
Biblioteca da Imprensa Oficial do Estado de São Paulo

Pace, Eliana
    Paulo Hesse : a vida fez de mim um livro e eu não sei
ler / Eliana Pace  – São Paulo : Imprensa Oficial do Estado
de São Paulo, 2010.
    448. : il. – (Coleção aplauso. Série perfil / Coordenador
geral Rubens Ewald Filho)

    ISBN  978-85-7060-846-8

    1. Atores e atrizes de teatro – Biografia 2. Atores e
atrizes de cinema – Biografia I. Ewald Filho, Rubens. II.
Título. III. Série.

                                        CDD  791.092

            Índices para catálogo sistemático:
    1. Atores brasileiros : Biografia : Representações públicas
                    : Artes 791.092

Imprensa Oficial do Estado de São Paulo
Rua da Mooca, 1921  Mooca
03103-902  São Paulo  SP
www.imprensaoficial.com.br/livraria
livros@imprensaoficial.com.br
SAC 0800 01234 01
sac@imprensaoficial.com.br

**Coleção Aplauso Série Perfil**

| | |
|---|---|
| Coordenador Geral | Rubens Ewald Filho |
| Coordenador Operacional e Pesquisa Iconográfica | Marcelo Pestana |
| Projeto Gráfico | Carlos Cirne |
| Editor Assistente | Claudio Erlichman |
| Assistente | Karina Vernizzi |
| Editoração | Fátima Consales |
| | Ana Lúcia Charnyai |
| Tratamento de Imagens | José Carlos da Silva |
| Revisão | Wilson Ryoji Imoto |

Formato: 12 x 18 cm

Tipologia: Frutiger

Papel miolo: Offset LD 90 g/m²

Papel capa: Triplex 250 g/m²

Número de páginas: 448

Editoração, CTP, impressão e acabamento:
Imprensa Oficial do Estado de São Paulo

*Nesta edição, respeitou-se o novo
Acordo Ortográfico da Língua Portuguesa*